MINHAS IRMÃS, AS SANTAS
Memórias espirituais

Conheça
nosso site

- @editoraquadrante
- @editoraquadrante
- @quadranteeditora
- Quadrante

COLLEEN CARROLL CAMPBELL

MINHAS IRMÃS, AS SANTAS

Memórias espirituais

2ª edição

Tradução
Artur Padovan

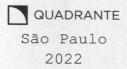

QUADRANTE

São Paulo
2022

Copyright © 2012 by Colleen Carroll Campbell

Esta tradução é publicada mediante contrato com a Image Books, um selo da Crown Publishing Group, divisão da Penguin Random House LLC

Título original
My sisters the saints: a spiritual memoir

Capa
Gabriela Haeitmann

Preparação
Gustavo Milano

Revisão
Lilian Garrafa

Dados Internacionais de Catalogação na Publicação (CIP)

Campbell, Colleen Carroll

    Minhas irmãs, as santas: memórias espirituais / Colleen Carroll Campbell; tradução de Artur Padovan – 2ª ed. – São Paulo : Quadrante, 2022.

    ISBN: 978-85-7465-378-5

    1. Testemunhos 2. Cristianismo I. Título II. Série

CDD 248.5

Índice para catálogo sistemático:

Testemunhos : Cristianismo

Todos os direitos reservados a
QUADRANTE EDITORA
Rua Bernardo da Veiga, 47 - Tel.: 3873-2270
CEP 01252-020 - São Paulo - SP
www.quadrante.com.br / atendimento@quadrante.com.br

Sumário

Nota ao leitor 9
1. A baladeira 11
   É culpa do patriarcado 17
   Uma porta se abre 20
   Santos e estrelas 25
   Conhecendo Teresa 29
   O despertar de um desejo 35
   Um caminho adiante 38
2. Criança novamente 43
   «A santa de que precisamos» 51
   O caminho simples 55
   Um pai «coroado de glória» 59
   Sinais de declínio 61
   A descoberta de uma bênção 68
   Uma nova padroeira 75
3. Nas mãos de Deus 81
   Uma oferta inesperada 90
   Um guia improvável 96
   Os frutos de Faustina 99
   A vida na Casa Branca 103
   À espera de um sinal 109
   Uma mudança sutil 117
   Dia da Independência 125

4. Uma mãe de coração 129
   Um buraco negro 135
   Almas gêmeas 143
   Maternidade abençoada 149
   Filhas de Eva 153
   Vislumbrando a maternidade espiritual 158
   «Faça-me um bebê» 163
   Aos olhos de Deus 173

5. As trevas 179
   Uma estrada escura 187
   Sofrimento redentor 191
   Uma santa de trevas 195
   Uma nova crise 201
   Até o céu 205
   Chorando com Jesus 208
   Sentindo-me vazia 212
   A noite escura de Madre Teresa 217
   Um jeito simples 223
   Sinal de esperança 227

6. A Exaltação da Santa Cruz 231
   Uma sombra surge 239
   Recorrendo a Maria 244
   Heroína da Bíblia 250
   Maria nos Evangelhos 255
   Modelo e Mãe 260
   Esperando com Maria 268
   Sem explicação 271
   Dores de parto 272
   Uma ladainha de agradecimentos 277

Agradecimentos 283

A John,
com admiração por tudo o que você é,
com gratidão por tudo o que você faz,
e com todo o amor do meu coração

Nota ao leitor

Esta é a história de uma jornada, uma busca pessoal por inspiração e paz que começou com aquela perguntinha instigante, mais antiga que o tempo: será que isto é tudo o que existe?
Na minha vida, essa questão tomou um formato contemporâneo e feminino quando pela primeira vez a dúvida se fez sentir numa manhã de outono, na metade do meu curso na faculdade. Enquanto tentava me recuperar de uma noite difícil, me vi perdida no abismo que se abria entre o agito das festas que outrora me haviam cativado e o vazio amedrontador que me consumia nos momentos de maior introspecção. Essa sensação de falta de direção marcou o início de uma jornada de quinze anos rumo à compreensão do significado da minha identidade feminina à luz da minha fé cristã e de uma cultura moldada pelo feminismo moderno.
A caminhada espiritual que se seguiu levou-me a lugares inesperados, das piscinas de Lourdes às ruínas de

Auschwitz, do Salão Oval ao palácio papal. Ao longo dela, lutei com os dilemas fundamentais da minha geração: a confusão devida ao caos sexual promovido pela cultura do sexo casual, a tensão provinda do conflito entre os meus desejos de sucesso profissional e o comprometimento amoroso, a ambivalência das exigências do casamento e da maternidade, a angústia de ver um ente querido adoecer gravemente e a minha própria confrontação com um diagnóstico arrasador.

Insatisfeita com respostas prontas oferecidas tanto por feministas secularistas como por seus críticos antifeministas, encontrei graça e inspiração de uma fonte inesperada: amizades espirituais com seis santas. Na vida e escritos de Teresa de Ávila, Teresa de Lisieux, Faustina Kowalska, Edith Stein, Madre Teresa de Calcutá e Maria de Nazaré, encontrei almas irmãs. Essas mulheres falaram aos meus mais profundos anseios, guiaram-me por entre as mais difíceis decisões e transformaram o meu entendimento do amor e da libertação.

Vocês podem achar estranha a maneira como falo de amizades íntimas com mulheres que nunca conheci e que morreram já há décadas, séculos, e até milênios. No passado, eu teria concordado. Mas isso foi antes de iniciar minha jornada, antes que as alegrias, tristezas e peripécias registradas nestas páginas me convencessem da realidade viva e poderosa que é a comunhão dos santos.

Espero que a história da minha busca, e as histórias das seis santas mulheres que me guiaram ao longo do caminho, também incentivem você a descobrir a verdade consoladora muitas vezes esquecida nesta era individualista: o peregrino que busca a Deus nunca viaja sozinho.

1
A baladeira

Ainda me lembro do vestido que eu usava naquela manhã: preto, decotado e curto. O tecido fino tinha um caimento folgado no meu corpo, graças à malhação diária intensa e a uma dieta escrupulosamente sem gorduras; mas eu sentia um calor desconfortável. Sentada no parapeito da janela do nosso apartamento no quarto andar, eu balançava as pernas ao ar livre. Mal podia acreditar que estávamos no final de outubro. Normalmente fazia mais frio em Milwaukee nessa época do ano, já às portas do interminável inverno de Wisconsin. Conforme o sol queimava a minha pele, já bronzeada por conta das frequentes visitas à clínica de estética, eu me contorcia e o evitava. Não queria estar ali.

Eu acabara de voltar para casa da noite anterior e sentia o começo de uma ressaca monstruosa. Minha cabeça latejava e minha pele irritada implorava por um banho.

Tom Petty gritava das caixas de som: *Estou cansado de mim mesmo/Cansado desta cidade*. No estacionamento abaixo, eu podia ver garrafas de cerveja vazias espalhadas pelo chão e jovens festeiros caminhando para casa com dificuldade, após horas de diversão noturna pós-balada em casais improvisados.

Atrás de mim, duas de minhas colegas de quarto, ainda bêbadas, cantavam e dançavam como loucas em frente às amplas janelas abertas da nossa sala de estar. O lugar cheirava a cerveja velha e cigarros de uma festa que havíamos dado na primeira semana de nosso terceiro ano de faculdade, e de muitos outros fins de semana barulhentos que se seguiram. Apesar de estarmos ainda no segundo mês do semestre de outono, o prédio recém-construído da nossa república estudantil já tinha manchas de vômito nos tapetes dos corredores e buracos de socos nas paredes de gesso – mostras de como a maioria de seus habitantes passava os finais de semana...

Eu gostava daquele local, que me permitia olhar para baixo de um ponto distante; fazia-me sentir libertada do caos. Sempre me sentira um tanto separada da cultura universitária da farra, mesmo enquanto me entregava a muitos de seus prazeres. Eu era bolsista, com um histórico escolar quase perfeito e a caminho de conseguir um estágio de grande prestígio em Washington, além de atuar como editora-chefe da revista do campus. Tinha um currículo recheado de associações e organizações conceituadas, e provas de uma consciência social devidamente desenvolvida.

Quanto à fé católica que dominara minha vida na época do colégio, bem, ela teve de se contentar com o segundo plano com relação a outras prioridades. Eu ainda me considerava uma católica acima da média. Desde o meu primeiro ano, vinha atuando em todas as melhores organizações que promoviam justiça social, devotando pelo menos uma tarde ou noite por semana ao serviço de mesa de um abrigo local para os sem-teto, ou a um programa de «refeições sobre rodas» da universidade, que levava comida aos mendigos da região. No que diz respeito ao sexo, eu seguia a letra da regra que aprendera em meu lar católico – nada de sexo antes do casamento –, mas não o espírito. Reservava o meu zelo para preocupações mais concretas, como a obsessão com o peso e a forma física. Diferentemente de outras garotas da noite que devoravam pedaços de pizza de madrugada e escondiam as barrigas de cerveja debaixo de roupas largas, eu dizia para mim mesma que estava no controle.

Mas nos últimos tempos, meu orgulho em compartimentar a vida tão completamente – boa garota nas manhãs de domingo, baladeira nas noites de sábado – começara a dar lugar a algo novo, uma percepção nascente de que eu estava tão submersa no caos quanto qualquer outra pessoa na minha situação. Talvez fosse até pior, porque levava uma vida dupla. Pelo menos as barrigudas que moravam no final do corredor tinham um comportamento consistente; não passavam a vida tentando manter as aparências e fazendo malabarismos com diferentes identidades: aluna perfeccionista para um público, festeira incontrolável para outro.

Ao olhar para dentro do apartamento, vi minhas colegas de quarto jogadas no sofá, sonolentas e sem energia depois de uma longa noite de bebedeira. Percebi que viver com elas, e como elas, não me fazia mais feliz, assim como o meu relacionamento com o melancólico jogador de *rugby* que costumava reunir os amigos para encontrar-se comigo em qualquer bar a que eu e minhas amigas escolhêssemos ir naquela noite. Não poderia chamar nossas saídas aleatórias de «encontros» num sentido romântico, nem poderia dizer que ele era meu namorado. Não havia nomes para aquelas espécies de envolvimento amoroso, e, na maior parte do tempo, nem eu nem elas sabíamos como definir os homens em nossas vidas. Não éramos limitadas por hábitos de paquera ou normas sociais; podíamos fazer o que queríamos. Entretanto, o embaraço, a confusão e a decepção que caracterizavam nossos encontros com homens faziam-me pensar: «Não será a nossa liberdade sem limites apenas uma armadilha disfarçada?»

Não era isso que eu esperava quando parti para a universidade. Imaginara que passaria minhas noites de sábado discutindo São Tomás de Aquino acompanhada de um bom café, e que acabaria namorando o tipo de homem que manda flores, abre a porta do carro e paga o jantar. Conheci alguns desses rapazes nos anos de faculdade, mas havia me tornado tão ligada ao *ethos* antinamoro da vida universitária àquela altura, que rapidamente os largava e me juntava novamente às minhas amigas no circuito da balada.

Voltando o olhar para a triste cena debaixo de minha janela, percebi como as coisas haviam mudado – como eu havia mudado – desde a primeira vez em que pus os pés na minha república de calouros, naquele abafado dia de mudança em agosto. Eu tinha perdido algo. Não sabia o que era nem como recuperar. Só sabia que essa sensação dolorida de vazio na boca do estômago tornara-se insuportável.

Ao perceber de repente que estava tremendo, puxei as pernas de volta para a sala de estar. Levantei-me, fechei a janela e passei pelo meio de minhas colegas de quarto, que agora dormiam um sono profundo apesar da música no último volume.

Era hora de tomar um banho, comer e me agasalhar.
Era hora de mudar.

É culpa do patriarcado

Eu ainda não sabia, mas estava dando os primeiros passos numa jornada que muitas mulheres da minha geração empreenderam, mulheres que fizeram as mesmas perguntas que eu me fazia naquela manhã: «De onde vem essa curiosa sensação que trago por dentro, e por que a minha busca por prazer e sucesso apenas a intensificam? É verdade que não existem diferenças reais entre os sexos, ou minha feminilidade – e meu corpo feminino – tem algo a ver com meus desejos e descontentamentos? Se a chave da minha realização enquanto mulher reside na maximização do meu *sex appeal*, no acúmulo de conquistas profissionais e na satisfação dos desejos sem assumir compromissos, então por que seguir tais conselhos me deixou tão insatisfeita? Por que minhas amigas e eu desperdiçamos tantas horas preocupadas por não sermos magras o suficiente ou bem-sucedidas o suficiente? Se isso é liberdade, por que sou tão infeliz?»

Mais ou menos um ano depois de começar a pensar

nessas questões, inscrevi-me numa matéria sobre o pensamento feminista. Eu sabia que o movimento de libertação feminina desempenhara um papel importante na formação do mundo em que vivemos, e queria saber o que suas líderes diziam sobre as distinções entre mulheres e homens e sobre como uma mulher poderia encontrar a liberdade e a autorrealização.

Eu nunca havia refletido muito sobre o meu feminismo antes daquele curso. Ele estava simplesmente no ar que eu respirava enquanto garota que cresceu durante os anos 1970 e 1980 e alcançou a maturidade nos 1990. Como a maioria das mulheres da minha geração, tentava manter distância da imagem ultrapassada da feminista radical, que odeia homens e queima sutiãs. Mas eu apoiava vigorosamente a premissa básica do feminismo de igualdade de direitos para a mulher. Desde a mais tenra idade, fascinavam-me histórias de heroínas e defensoras do voto feminino, e eu abracei a sabedoria feminista convencional que nos recomenda passar as primeiras décadas da fase adulta estabelecendo uma carreira sólida, incluindo o casamento e a maternidade só quando houvesse tempo para essas coisas. Quanto às diferenças entre os sexos, sempre senti que existiam, mas evitava verbalizar a suspeita para que esse reconhecimento não fosse visto como sinal de fraqueza ou como uma desculpa para o fracasso profissional.

Agora, porém, eu estava pronta para fazer uma análise mais detida das diferenças entre os sexos e do próprio feminismo. Durante o curso, devorei avidamente as primeiras leituras que nos passaram, manifestos de feministas das primeiras gerações do movimento que exigiam igualdade de oportunidades na educação, o direito ao voto e condições dignas de trabalho e de vida, ao mesmo tempo em que reconheciam aquilo que a mulher tem de único. A certa altura do semestre, começamos a estudar feministas mais contemporâneas, e eu ia me sentindo cada vez mais desconfortável com as pensadoras que líamos. Muitas delas ferviam de ódio pelos homens; outras se opunham ferozmente à sua própria feminilidade. Quanto mais eu lia, mais me arrepiava com a sua visão acerca dos homens e das mulheres, do casamento e da maternidade, e de Deus.

Eu já havia conhecido minha cota de machistas, e tinha consciência de que gozava de oportunidades que a gerações de mulheres anteriores à minha haviam sido negadas: como a de participar de um curso como aquele. Sabia também que o feminismo pode assumir muitas formas, mas a maior parte das autoras feministas que estudávamos parecia-me excessivamente perturbadora e exagerada, denunciando donas de casa e esposas do lar como «parasitas», como Simone de Beauvoir as chama, ou como prisioneiras de um «confortável campo de concentração», como descreve Betty Friedan. Incomodava-me que tantas das pensadoras que líamos sucumbissem a um destes dois extremos: ou permitiam que a sua insistência no conceito de igualdade entre homens e mulheres obscurecesse as diferenças entre os sexos, ou permitiam que a ênfase nas diferenças entre eles obscurecesse a igualdade que se buscava.

Nenhum desses extremos fazia muito sentido para mim, e eu não via, nas leituras que nos propunham, qualquer tipo de receita para a felicidade no mundo real. Uma amiga que esteve fazendo o curso comigo sentia o mesmo. «Se não houver explicação», ela resmungava enquanto saíamos da aula juntas, «a culpa é do patriarcado». Ela, ateia convicta, e eu, católica praticante, ambas concordávamos que as teorias que estávamos aprendendo não diziam respeito às nossas questões e preocupações mais urgentes.

Havia outro problema com as pensadoras feministas secularistas que estudávamos. Embora criticassem bastante a fixação dos homens em dinheiro, sexo, poder e status, muitas dessas mulheres nutriam as mesmas ambições. Insistiam em listar todos os privilégios e vantagens dos homens, mas não os das mulheres. Eu podia ver a lógica por trás de algumas de suas reclamações, mas sua visão de mundo materialista me sufocava. Não havia nenhum horizonte transcendental e poucas referências se faziam à verdade, à beleza, à bondade ou a Deus. Só o que importava era o que se podia ver, sentir e tocar. Não encontrei nada ali que falasse à crescente sede dentro de mim, uma sede que os prazeres materiais não podiam aplacar.

Uma porta se abre

Perto do final do primeiro semestre do meu último ano, vi-me atrás da imponente igreja neogótica de Gesu, no campus da Universidade de Marquette, tentando imaginar aonde ir para encontrar respostas. Era uma noite de domingo e eu tinha arrastado meu novo namorado pós-graduando para uma «Missa *drive-thru*» das seis da tarde. Era uma Missa bastante frequentada, feita especialmente para os muitos alunos que acordavam de ressaca e não conseguiam levantar-se a tempo de pegar a Missa da manhã, ou indiferentes demais para rezar uma hora inteira de Missa, mas que ainda se sentiam muito culpados se deixassem de cumprir o preceito dominical.

Participar da Missa com um namorado era algo novo para mim. Ter um namorado também era algo novo, já que eu havia dispensado meu último namorado de verdade na metade do meu primeiro ano de faculdade. Este novo relacionamento havia se estabelecido não por causa de alguma significativa mudança de comportamento da minha parte, mas simplesmente pelo tédio crescente que sentia em relação à curtição universitária, de que nossos encontros semanais – em restaurantes dignos do nome, e preenchidos de conversas de verdadeiro conteúdo – me aliviavam.

Como quase todos os outros homens com quem me envolvera nos três anos anteriores, este também era um católico apenas nominal, e ateu na prática. Nessa noite em particular, ele havia inicialmente concordado em ir à Missa comigo, e depois me implorou que a deixássemos de lado e ficássemos namorando no sofá. No fim das contas, só o que ele conseguiu foi fazer-me atrasar quinze minutos para uma Missa de meia-hora.

Já não havia lugar para sentar quando penetramos as maciças portas de madeira da igreja de Gesu, e acabamos ficando espremidos no fundo da nave com os outros atrasados. Afastei com o braço meu namorado, que se inclinara para cochichar uma piadinha no meu ouvido, e me esforcei para tentar enxergar o altar por cima da multidão. Tínhamos perdido a leitura do Evangelho, a curta homilia, e a oração eucarística já estava bem adiantada.

Sentindo-me frustrada e irritadiça, perguntei-me como minha fé, tão ardente na infância, agora se via reduzida àquilo. Haveria alguma ligação entre o mal que afligia a minha vida espiritual e a incômoda insatisfação de que me dei conta no parapeito daquela janela?

Havia já um ano que eu percebera aquele vazio, e ainda não tinha ideia do que fazer a respeito. Meu curso de teoria feminista de nada adiantara; o mesmo valia para a série de mudanças superficiais que fizera recentemente: trocar de apartamento e de colegas de quarto, cultivar um grupo mais seleto de amigos, arranjar um namorado mais maduro, dedicar mais atenção à minha carreira de escritora *freelancer* e à candidatura a uma Bolsa de estudos Rhodes[1] e menos atenção às aulas de aeróbica e aos bares. Eu tinha trabalhado duro para pôr minha vida em ordem e tornar-me o tipo de mulher que se permite alguns prazeres com discrição, sem me sentir perdida e desolada como me sentira naquela manhã de outubro.

Mesmo assim, eu não conseguia dissipar aquela sensação ruim na boca do estômago. Enquanto eu estava no fundo da igreja naquela noite, percebi que minha melancolia persistente podia estar ligada à intimidade com Deus que eu havia abandonado pouco depois do meu ingresso na universidade. Por mais de três anos, eu vinha dando a Deus as sobras do meu tempo e atenção, e o havia colocado em último lugar na minha lista de fontes de respostas e realização. E agora, depois de fazer todas as

---

(1) Criadas em 1902, as Bolsas de estudos Rhodes contemplam, todo ano, trinta e dois cidadãos americanos, dando-lhes total isenção de despesas de estudo por dois ou três anos na Universidade de Oxford, na Inglaterra. (N. do T.)

minhas vontades e de colocar tudo à frente de Deus, era nisso que minha vida espiritual consistia: sobras.

Quando a Missa terminou minutos depois, vi-me perdida na multidão de universitários que descia desordenadamente as escadas da igreja para o ar frio da noite. Meu namorado e eu estávamos descendo pela escada coberta de neve quando, antes de chegar ao final, parei e me voltei para ele.

— Preciso voltar para a igreja — eu lhe disse. —, esqueci uma coisa lá.

— Ok — ele disse —, vou junto.

— Não! — exclamei um pouco mais alto do que pretendia. — Pode continuar indo. Alcanço você depois.

Ele franziu a testa, e percebi que estava olhando para mim conforme dei meia-volta e comecei a empurrar a multidão para entrar de novo. Eu provavelmente parecia louca, mas não me importava. Meus olhos encheram-se de lágrimas enquanto forçava meu retorno aos empurrões. Quando finalmente consegui passar a multidão e pus os pés na nave vazia e escura, não sabia exatamente o que fazer. Tomada por uma mistura de raiva e desespero, ajoelhei-me num dos bancos mais próximos e deixei que a escuridão me abraçasse.

Fiquei ali uns quinze minutos, permitindo-me sentir toda a força daquele vazio que eu tentara disfarçar e desconsiderar por mais de um ano. «Então é isto», pensei, com as lágrimas escorrendo pela face. «Isto é que era a vida sem Deus.» Algo daquele desespero sincero fazia-me sentir bem. Não caminharia mais pelo mundo como sonâmbula; finalmente havia despertado.

Palavras começaram lentamente a vir-me aos lábios,

apelos silenciosos de uma voz suave e vulnerável que fazia anos que não ouvia: «Quero Você, Senhor. Quero conhecê-lo. Sei que há mais na vida do que isto. Sei que Você é maior do que isto. Tenho certeza. Mas Você tem de me mostrar. Até que enfim estou abrindo os olhos, mas Você tem de se mostrar para mim».

Parei, esperando uma inundação ou, pelo menos, uma onda suave de consolo. Nada disso aconteceu.

Alguns minutos passaram e minha mente começou a divagar. Ocorreram-me lembranças de meus pais, das suas várias provas e tribulações ao longo dos anos. Eles nunca tiveram muito dinheiro; sempre encontraram dificuldade em sanar as finanças devido ao seu envolvimento em obras de caridade e na paróquia, e, para piorar, ultimamente meu pai vinha agindo de forma particularmente estranha, esquecendo as coisas e deixando minha mãe louca. No entanto, eram felizes juntos, cheios de alegria, amor e confiança no futuro, apesar de suas crises. Eles sempre pareciam estar certos de que Deus tomaria conta das suas necessidades. E no final, parecia que Ele sempre tomava. Eu tinha inveja da harmoniosa e profunda paz deles. Eu a queria para mim. Ela fora parte da minha vida ao longo de toda a minha infância, mas agora parecia ter desaparecido. Como poderia tê-la de volta?

Pensei nas práticas espirituais que vira meus pais cultivarem ao longo dos anos: participação diária na Santa Missa, oração contemplativa diária e a leitura regular das Escrituras e de livros religiosos. Logo pensei: eu posso fazer isso. Eu farei isso. Só não contarei para ninguém, é claro; não quero que pensem que sou uma fanática religiosa. Buscarei a Deus novamente após tantos anos, mas farei isso do meu jeito – em segredo.

Esperei em silêncio por alguma confirmação divina da minha resolução, mas nada veio. Então enxuguei os olhos com as mãos, levantei do banco e desci a escadaria da igreja pela segunda vez. Adentrei aquela noite negra de novembro sem nenhuma resposta, sem soluções miraculosas, nada daquela energia positiva que me impulsionara depois da minha experiência no parapeito da janela. Não sentia nada, a não ser uma sensação vaga de ansiedade. Eu tinha aberto a porta para Deus. O próximo passo era dEle.

Santos e estrelas

Nas semanas seguintes, aderi improvisadamente às minhas novas resoluções: assistia a uma Missa semanal aqui, dedicava alguns minutos à oração ali; tudo isso com muito pouca leitura espiritual. Minha vida não mudou em nenhum outro aspecto. Eu ainda frequentava as festas aos finais de semana, punha minha vida social bem acima das buscas espirituais, e continuava num relacionamento cada vez mais intenso com meu namorado, apesar da sensação de que isso estava afastando-me ainda mais de Deus.

Quando as férias de fim de ano se aproximaram trazendo o Natal, fiquei ilhada em Saint Louis com meus pais, uma cidade para a qual eles haviam se mudado depois que eu me formei no colégio, e onde eu não conhecia ninguém. O tédio, talvez mais do que a minha busca espiritual, levou-me a aceitar o convite do meu pai para irmos juntos às Missas diárias na igreja de São Francisco Xavier, da Universidade de Saint Louis, uma estrutura neogótica localizada no coração da cidade, que se parecia muito com a igreja de Gesu da Marquette. Diferente do santuário espetacular no piso térreo, a capela subterrânea dedicada a Nossa Senhora, onde eu e meu pai comparecíamos à Missa das 17h15, era um espaço simples adornado por um crucifixo de madeira solitário e algumas dezenas de cadeiras de madeira e vime voltadas para um modesto altar. Essa frugalidade parecia espelhar o que então acontecia dentro de nós dois, um processo de crise de identidade iniciado para o meu pai pela aposentadoria recente de seu emprego como capelão hospitalar leigo, e, para mim, pela minha experiência na igreja de Gesu um mês antes.

Durante nossas voltas para casa após a Missa, papai me falava com grande entusiasmo da biografia que estava lendo, *Teresa de Ávila*, de Marcelle Auclair[2]. Ele me deu uma cópia no Natal. «Este livro faz com que Teresa ganhe vida», ele dizia, inclinando-se para frente enquanto agitava a grossa brochura no ar na minha frente, tentando enfatizar seu valor. «Quando você o lê, é como se a conhecesse de verdade».

Eu lhe agradeci e tentei fingir interesse enquanto lia o monótono resumo da contracapa. Papai provavelmente sabia que eu estava mais animada com as blusas e bijuterias que a mamãe me havia dado, ou com o buquê de rosas vermelhas que meu namorado me mandara. E ele

---

(2) No Brasil, esse livro foi publicado pela Editora Quadrante (São Paulo, 1995).

estava certo. Meu apetite por leituras espirituais ainda era bastante anêmico, e o livro parecia-me pesado demais para uma leitura de férias. Pretendia jogá-lo na mesma prateleira empoeirada a que relegara todos os outros livros religiosos que papai e mamãe me tinham dado desde que entrei na faculdade.

Não é que eu não desse valor aos seus presentes. O problema é que eles viviam contando histórias de seus santos favoritos: Santa Teresa de Ávila, São João da Cruz, Santa Teresa de Lisieux, e outros tantos. Meus pais liam vidas de santos repetidas vezes, trocavam volumes sobre orações místicas cheios de páginas marcadas, e se alegravam quando um dava para o outro algum livro obscuro sobre um dos seus amados santos. Desde a mais tenra idade, lembro-me de ver meus pais conversando animadamente sobre novos santos que descobriam, ou novas percepções sobre a escritura que captavam de pessoas a quem se referiam simplesmente como «João», «Teresa» ou «a Pequena Flor»[3]. Imagens de Jesus, Maria e José adornavam cada cômodo da nossa casa, e nossas prateleiras eram repletas de livros sobre santos e servos de Deus, ou escritos por eles. Os nomes nas lombadas dos livros eram-nos familiares, como nomes de velhos amigos: Agostinho, Inácio, Francisco de Sales, Francisco de Assis, Madre Teresa, Dorothy Day[4].

---

(3) Referência a Santa Teresa de Lisieux, tradicionalmente ligada às imagens da flor e da pequenez. (N. do T.)

(4) Esta última figura, menos conhecida que as demais citadas, foi uma jornalista americana e ativista social católica, fundadora do jornal *Catholic Worker*, e autora do livro *The Long Loneliness* ("A grande solidão", ainda não traduzido no Brasil). (N. do T.)

Quando era pequena, sentia a mesma atração que meus pais pelos santos, principalmente pelas santas. Ser santo parecia a melhor carreira que alguém poderia escolher. Em vez de me tornar somente uma escritora, atriz ou advogada de sucesso, eu podia ser algo infinitamente mais glorioso: alguém que goza da felicidade eterna com Deus no céu enquanto é reverenciada como uma celebridade cristã na terra. Se eu fosse santa – pensava –, poderia um dia fazer favores para a minha família e amigos quando me pedissem daqui da terra que eu intercedesse por eles junto a Jesus; e poderia também alcançar um nível de renome muito superior à fama fugaz de uma estrelinha de Hollywood ou de um autor de sucesso, já que a estima de que gozam os santos dura séculos ou até milênios.

A santa favorita da minha infância era Santa Rosa de Lima, uma belíssima mulher peruana cuja pequenina biografia no meu livro infantil de santos estava desgastada de tanto que a tinha lido. Rosa praticava formas extraordinárias de penitência para superar a vaidade, chegando a esfregar pimenta no rosto para que parassem de elogiá-la. Isso me pareceu um pouco estranho, mas eu admirava o amor de Rosa por Jesus e o seu zelo no combate de um defeito de caráter que eu reconhecia em mim mesma. Também gostava da sonoridade do nome dela, e por isso escolhi Rosa como minha santa padroeira quando fui crismada na oitava série.

Como todo o restante da minha vida espiritual, meu interesse pelos santos havia-se arrefecido na universidade. Focada como estava nas provas finais e nos planos de sexta-feira à noite, a última coisa que eu queria era ler um conto açucarado sobre alguma santa puríssima cujo maior pecado não era nada comparado com os primeiros cinco minutos de bebedeira numa festa. Mas o tédio das férias de inverno pode levar um universitário a fazer coisas desesperadas, e naquele dezembro ele me fez abrir uma carcomida biografia sobre Santa Teresa de Ávila.

Quando comecei, não pude mais parar.

Conhecendo Teresa

A história de Teresa de Cepeda y Ahumada se inicia nos primórdios do século XVI, com uma infância piedosa numa Espanha saturada da presença de Deus. Resoluta, inteligente e apaixonada, a pequena Teresa sonhava com uma vida de santa, e até chegou a convencer seu irmão mais novo a fugir de casa com ela para lutarem contra os mouros e morrerem mártires. O plano deles foi frustrado por um tio atento, que os viu saindo da cidade. Sendo assim, os dois aspirantes à vida contemplativa contentaram-se em construir um mosteiro caseiro, onde rezavam e liam histórias de santos juntos.

Conforme Teresa crescia e entrava na adolescência, sua beleza e personalidade expansiva floresciam, ao passo que seu zelo religioso diminuía. Ela perdeu a mãe ainda muito jovem e começou a passar mais tempo com primos cuja superficialidade só fazia aumentar as chamas da sua vaidade. Uma garota festeira com o dom da oratória e uma fila de admiradores, Teresa passou a preocupar-se com a beleza física, livros de romance, moda e fofocas.

Seu devoto pai percebeu a mudança de caráter da filha

e enviou-a para um internato religioso, onde sua fé floresceu novamente. Embora, a princípio, ela não sentisse muita atração pela vida religiosa, a ideia de tornar-se freira foi se insinuando gradualmente a Teresa, e ela resolveu seguir esse caminho, apesar das objeções de seu pai. Após voltar para casa e ter de aguentar uma doença debilitante e potencialmente fatal pelo resto da adolescência, Teresa recuperou-se e fugiu de casa novamente, desta vez para juntar-se a um convento carmelita.

As preocupações com a vaidade, elogios e flertes que haviam caracterizado a adolescência de Teresa voltaram à tona depois que se tornou freira. A disciplina no convento era leve, as irmãs conviviam livremente com os homens e as mulheres da cidade, e as irmãs mais abastadas ainda gozavam de muitos dos confortos e vantagens materiais que antes tiveram em casa, de suítes de luxo a animais de estimação. Provinda de uma família aristocrática e dotada de uma incrível habilidade de persuasão, a Irmã Teresa de Jesus seguia a regra lassa de sua ordem e concentrava as suas energias mais em buscar a honra que podia receber dos outros do que em dar glória a Deus. «Eu amava tudo o que se relacionava com a vida religiosa», diz ela em sua autobiografia, «mas não podia suportar o que me fizesse parecer ridícula aos outros. Tinha grande prazer em saber que pensavam bem de mim».

Teresa não devotava muito esforço à fuga do pecado, exceto pelas ofensas mais óbvias, e preferia ser aconselhada por confessores menos exigentes, que lhe diziam que não deveria «esquentar» muito com seus defeitos. Ela realizava atos externos de devoção «mais por vaidade do que por espiritualidade», ela escreve, «pois sempre desejava que tudo fosse feito de maneira muito correta e meticulosa». Sua vida de oração rapidamente murchou. Como ela própria contou:

> Comecei, então, a envolver-me com um passatempo após outro, uma vaidade após outra e uma ocasião de pecado após outra. Caí em tantas e tão graves ocasiões de pecado, e minha alma desviara-se tanto por conta de todas essas vaidades, que tinha vergonha de retornar a Deus e aproximar-me dEle na amizade íntima que a oração pressupõe. Essa vergonha era ainda maior porque, conforme meus pecados aumentavam em número, eu ia perdendo o prazer e a alegria que derivavam de fazer o que é virtuoso. Percebia muito claramente, meu Senhor, que isso falhava comigo porque eu falhava convosco.

Depois de enfrentar uma série de doenças e a morte de seu pai, Teresa conheceu um padre dominicano devoto que a convenceu a retomar a prática da oração e a prestar mais atenção aos seus pecados. Ela seguiu o primeiro conselho, mas não o segundo; como resultado, uma dolorosa sensação de viver em dois mundos tomou conta de sua vida:

> Minha vida encheu-se de tribulações, porque, por meio da oração, eu aprendia cada vez mais acerca das minhas falhas. Por um lado, Deus me chamava; por outro, eu ainda seguia o mundo. Tudo o que era de Deus dava-me grande prazer, mas ainda me sentia ligada às coisas do mundo... Passei muitos anos vivendo assim, e hoje não sei como uma pessoa poderia aguentar tanto tempo sem renunciar a um aspecto ou ao outro.

Teresa passou quase duas décadas presa nessa vida dupla, ansiando por Deus e, mesmo assim, apegando-se aos prazeres do mundo, a hábitos que só nutria para agradar às pessoas, a conversas superficiais que só serviam para manter Deus à distância. Um vazio profundo e frustrante a invadia gradualmente, conforme percebia que se sentia cada vez mais cansada de vacilar entre os seus dois desejos contrários. Nas suas palavras, ela vivia:

> Um dos mais tristes tipos de vida que alguém pode imaginar, pois não tinha nem alegria em Deus nem prazer no mundo. Quando me encontrava em meio aos prazeres mundanos, incomodava-me a lembrança daquilo que eu devia a Deus; quando estava com Deus, ficava inquieta por causa das minhas afeições mundanas.

Um avanço ocorreu quando Teresa tinha trinta e nove anos. Ela entrou na capela um dia e deparou-se com uma estátua de Cristo sofredor, sangrando e amarrado enquanto esperava pela crucifixão. A imagem impressionou Teresa, e ela se viu tomada de um sentimento de arrependimento pelos anos que desperdiçara servindo a si mesma em vez de Deus. «Senti meu coração partir-se», relembra Teresa, «e prostrei-me diante dEle, derramando copiosas lágrimas e implorando-lhe que me desse forças de uma vez por todas para que eu não voltasse a ofendê-lo». Embora ela já houvesse derramado lágrimas de arrependimento antes, daquela vez o choro era diferente, «porque eu havia perdido completamente a confiança em mim mesma, e estava pondo toda a minha confiança em Deus». Teresa disse a Jesus que não levantaria do chão até que Ele lhe desse a ajuda de que ela precisava. «E tenho certeza de que isso me fez bem» diz ela, «pois daquele momento em diante comecei a melhorar».

A vida de oração de Teresa tornou-se mais profunda, seu desejo de passar mais tempo com Deus intensificou-se. Por volta desse mesmo período, alguém lhe emprestou uma cópia das *Confissões* de Santo Agostinho. A autobiografia espiritual do *bon vivant* do século IV, que se tornou santo após anos de luta com a sensualidade e hábitos pecaminosos, falou-lhe à alma. Sentiu-se particularmente movida ao chegar ao relato da conversão de Agostinho, quando ele ouviu a voz de uma criança que o convidava a «tomar e ler» uma Bíblia que se achava por perto. Agostinho abriu o livro e leu os primeiros versículos que viu, da Carta de São Paulo aos Romanos: «Comportemo-nos honestamente, como em pleno dia: nada de orgias, nada de bebedeira; nada de desonestidades nem dissoluções; nada de contendas, nada de ciúmes. Ao contrário, revesti-vos do Senhor Jesus Cristo e não façais caso da carne nem lhe satisfaçais os apetites» (Rom 13, 13-14).

Agostinho não precisou ler mais do que aquilo; ele sabia que Deus lhe havia enviado aquelas palavras. Ao ler essa história, Teresa sentiu o mesmo. Ela escreve: «Parecia-me que Deus tentava falar daquela forma comigo», levando-a a se livrar do pecado e a relacionar-se intimamente com Aquele que evitara por tanto tempo.

Teresa começou a progredir mais rápido em sua jornada espiritual. Sua rotina de orações foi-se tornando mais rica e recompensadora, e o seu apego à busca do prazer e da admiração dos outros declinava. Sua ascensão à santidade não aconteceu do dia para a noite: o caminho que a levou às suas famosas experiências de oração, bem como o seu despertar espiritual ao longo de décadas, foi repleto de lutas. Sobre os primeiros anos da sua vida contemplativa, Teresa diz: «Ocupava-me mais com desejar que minha hora de oração acabasse logo, ou com escutar o relógio, em vez de pensar em coisas verdadeiramente boas». Percebeu então que, quando ela perseverava na oração apesar de sua inclinação natural contrária, sentia «mais tranquilidade e felicidade do que em outras ocasiões, quando eu rezava porque queria».

Em meio às suas lutas, Teresa descobriu a sabedoria do ensinamento católico de que os nossos corpos, e o que fazemos com eles, têm importância. Ela compreendeu que, embora Deus queira que tratemos nossos corpos com respeito, a atenção excessiva ao aperfeiçoamento do corpo ou à satisfação dos seus apetites – incluindo o desejo de nos ocuparmos demais com boas obras para evitarmos o desconforto da solidão e do silêncio – distancia-nos de Deus. O mesmo vale para o status social, popularidade e realização profissional, coisas que não são más em si mesmas, mas que podem causar uma desolação espiritual quando as valorizamos mais do que a Deus.

Tendo Teresa se libertado desses ídolos, redirecionou totalmente para Deus a paixão que desperdiçara em sua busca pelos prazeres materiais e pela aprovação social. Seu amor intenso por Jesus e sua vida espiritual profunda deram-lhe forças para iniciar uma reforma histórica em sua ordem religiosa, suportar graves perseguições de autoridades civis e religiosas que resistiam aos seus esforços, e compor diversos clássicos da espiritualidade contemplativa. Opondo-se aos críticos, tanto de dentro como de fora da Ordem, Teresa recusou-se a recuar em sua missão de transformar os conventos carmelitas de refúgios para *socialites* mimadas em lugares de genuína simplicidade e oração. No entanto, ela aderia fielmente ao voto religioso de obediência, perdoando aos seus detratores e atraindo seguidores inspirados por ela a viver para Deus somente.

Até a sua morte, Teresa já havia estabelecido dezenas de conventos das Carmelitas Descalças, inspirando uma renovação da vida religiosa que repercutiu em toda a Igreja Católica e auxiliou na sua revitalização após a Reforma Protestante. Ela se tornou uma das maiores santas e místicas da Igreja, uma estrela brilhante em fé e em obras. Em 1970, o Papa Paulo VI nomeou-a Doutora da Igreja, uma honra antes concedida apenas a homens. A garota distraída e vaidosa que passara as primeiras quatro décadas de sua vida obcecada com a aparência aos olhos dos outros desenvolveu-se até se tornar um verdadeiro prodígio espiritual, que viveu heroicamente as palavras de seu famoso poema:

> Nada te perturbe,
> Nada te espante,
> Tudo passa, Deus não muda,
> A paciência tudo alcança;
> Quem a Deus tem,
> Nada lhe falta:
> Só Deus basta.

O despertar de um desejo

Ler a história de Teresa ajudou-me a entender, pela primeira vez, por que meus pais voltavam às obras dela com tanta frequência e falavam dela com tanto carinho. Em Teresa, encontrei uma mulher de paixão e propósito, cuja jornada fora ainda mais impressionante por causa dos seus desvios.

A jornada espiritual controversa, bagunçada e cheia de reviravoltas de Teresa ajudou-me a pôr as minhas próprias lutas sob uma nova perspectiva. Talvez o descontentamento que me perseguira durante todo aquele ano não representasse um «fim da linha» espiritual, ou um sinal de que precisava dedicar-me mais a consertar a minha vida. Talvez aquele fosse o primeiro capítulo de uma história de amor como a que Teresa vivera, uma história em que um protagonista divino parte em busca de sua amada com um ardor imprudente, e, afinal, consegue conquistar o seu coração. Ao ler sobre as experiências extáticas de Teresa em meio à oração – nas quais ela sentia Jesus consumi-la com um amor tão doce e tão penetrante, que achava que poderia morrer naquele momento –, desejei que essa intimidade espiritual surgisse também em mim.

Além disso, inspirou-me a descoberta de que a fé ardente de Teresa não suprimiu a sua audácia e originalidade iniciais, mas apenas as purificou e intensificou, fazendo com que ela usasse os seus dons para um propósito mais elevado. Para Teresa, a fé era uma fonte de liberdade, não de opressão. É claro que ela foi produto da sua própria época; percebe-se isso quando a vemos desculpar-se pela «lentidão mental da mulher». Mesmo assim, Teresa defendia a vocação da mulher às mesmas alturas da experiência mística a que eram chamados os homens, e elogiava as mulheres pelo amor e fé especiais que devotaram a Jesus enquanto Ele esteve na terra. Numa das primeiras versões de *Caminho de perfeição*, ela lamenta o fato de que nenhum dos juízes da sua época via «nas mulheres virtude alguma que não parecesse suspeita», e anseia pelo dia em que «todos serão conhecidos por aquilo que são... nestes tempos, não deveríamos subestimar o valor de almas fortes e virtuosas, muito embora sejam mulheres». Rotular Teresa de «feminista» pode parecer forçado, mas a dedicação total desta mulher-fenómeno à vontade de Deus levou-a a embarcar em aventuras e a correr riscos que teriam intimidado a maioria dos homens da sua época – ou das feministas secularistas dos nossos dias. Apesar de tudo, ela manteve a sua sagacidade e a sua alegria de viver tipicamente espanhóis, convidando as suas freiras a juntarem-se a ela em sessões de música, risos e danças em intervalos recreativos, e transmitindo *insights* espirituais com uma voz simples e intuitiva, que revela uma perspectiva espiritual propriamente feminina.

Familiarizar-me com Teresa representou um importante passo na minha jornada espiritual nascente, embora eu só viesse a compreender toda a sua importância uns anos mais tarde. Teresa foi a primeira santa que descobri enquanto adulta; foi a primeira a ser um modelo de fé, feminilidade e liberdade que eu poderia aplicar à minha própria vida. Eu não tinha planos de me juntar às carmelitas nem ilusões de que as minhas orações diárias desconexas se transformariam em êxtases num futuro próximo. Nem me passava pela cabeça que eu deveria abandonar os decotes ousados ou aquela cerveja a mais nas minhas noitadas, e muito menos que eu devesse começar a usar camisas de cilício ou guardar silêncio monástico.

Mesmo com todas as diferenças entre a vida de Teresa e a minha, podia ver muitos paralelos: a ávida sede de sentido, o tédio com os prazeres mundanos e com o sucesso, uma intensidade apaixonada e muitas vezes orgulhosa que poderia ser usada para o bem ou para tolices. Em Teresa, vi o tipo de mulher que eu poderia me tornar se começasse a levar Deus verdadeiramente a sério. Encontrei também uma amiga a quem podia dirigir-me em oração, alguém que pudesse dar um empurrãozinho em Jesus por mim quando eu precisasse de ajuda para superar as tentações da superficialidade e da sensualidade que Teresa conheceu bem.

Um caminho adiante

O resultado mais imediato do meu encontro com Teresa foi uma mudança de planos para a véspera de Ano Novo. Desde que nos tínhamos afastado no início das férias de inverno, meu namorado vinha ligando para mim todos os dias de sua casa em Boston para convencer-me a ir para lá no final do ano. A ideia pareceu-me divertida a princípio; porém, quanto mais me prendia a atenção a história de Teresa, menos interessante me parecia a viagem. Eu sabia que ela seria uma ocasião de tentação, uma vez que a proposta presumia que eu me hospedaria na casa dele, e eu sabia que ele via minha visita como uma maneira de concretizar nosso status de casal. Ele recentemente havia conversado comigo sobre as diversas opções de pós-graduação que tinha para a carreira, com o intuito de ver se eu as considerava lucrativas o suficiente para um bom marido e provedor do lar. Sua afeição era genuína, e eu podia perceber que ele tinha grandes planos para nós. Se eu atravessasse o país para ir visitá-lo, estaria como que confirmando que eu também partilhava desses planos.

À medida que eu ouvia meu coração, e a voz de Deus que lhe falava, percebia que não queria fazer planos de longo prazo com um homem que considerava Deus um rival na disputa pela minha atenção, e a fé como algo que deve ser mantido às margens da vida. Já havia feito a escolha errada no passado, e sabia que me sentiria tentada a fazer o mesmo dessa vez. Mas naquele instante eu tinha uma decisão a ser tomada: eu podia continuar apegando-me àquele rapaz só para «ocupar espaço» até encontrar algo ou alguém mais satisfatório, ou eu podia abrir mão do relacionamento e apostar em Deus.

Decidi não ir para Boston no Ano Novo, e, três dias depois de retornar ao campus em janeiro, terminei com meu namorado. Dei-lhe a desculpa esfarrapada de «precisar passar mais tempo com minhas amigas» porque tinha medo de lhe dizer a verdadeira razão e de que começassem a dizer pelos cantos que eu me tornara uma fanática religiosa. Eu sabia que, numa faculdade católica como a minha, ter um pouco de fé era visto como virtude; porém, ter fé «excessiva» – o tipo de fé que nos leva a dispensar bons namorados, passar o intervalo do almoço na Missa do meio-dia, ou levar certos ensinamentos controversos da Igreja muito a sério – era a receita certa para o isolamento social, ou pelo menos para ser ridicularizada. Era melhor aguentar o estigma de ser vã, metida, bêbada ou depravada – qualquer coisa, menos «devota».

Depois do término, minha vida não mudou da noite para o dia. Com efeito, qualquer um que me tivesse acompanhado de longe durante aquele semestre teria visto pouquíssima mudança. Passei a me esforçar por assistir à Missa todos os dias e a reservar mais tempo para as minhas orações e leituras espirituais, mas escondia esses hábitos até das minhas amigas mais próximas. Ainda não me havia ocorrido que eu devesse retornar ao sacramento da Confissão, e, embora já houvesse uma vaga sensação de paz tomando conta do meu coração, o que acontecia dentro de mim ainda não tinha força suficiente para impedir a minha vaidade e os meus vícios. Apenas tinha passado a gostar menos dessas coisas.

Até o próprio término trouxe-me um pouco de conforto. Presumi que meu ato ousado, embora mal executado, de obediência à vontade de Deus resultaria numa multidão de bênçãos. Em vez disso, recebi uma notícia familiar devastadora pouco tempo depois, algo que me deixou deprimida e me fez sentir a falta do meu ex-namorado, que então havia reatado com outra aluna, que parecia ser uma versão mais baixa e magra de mim. Passei o resto do meu último semestre numa intensa busca de emprego que conflitava com a minha agenda lotada de estudos, o que fez daquela primavera um período atipicamente estressante.

Após quatro anos fazendo só o que eu queria, eu finalmente tentava seguir as instruções de Deus; e tudo parecia piorar em vez de melhorar. Ao ler os escritos de Teresa e as narrativas de sua vida – algo que fiz assiduamente naquele semestre –, senti uma pontada de doloroso reconhecimento quando li um conto da reformadora doente e exausta viajando sob uma tempestade forte para um de seus conventos sitiados. Sua carroça passou por um buraco na estrada, e Teresa caiu na lama de cabeça. «Senhor, se é assim que tratas os teus amigos», disse ela sarcasticamente a Jesus, «não é de admirar que tenhas tão poucos!».

Minhas tentativas desajeitadas de reencontro com Deus não se mostraram completamente infrutíferas. Tempos depois, eu as veria como os primeiros passos no desenvolvimento da minha capacidade, antes que tivesse de lidar com uma multidão de problemas mais complexos relacionados ao amor e à liberdade, ao casamento e à maternidade, ao mistério do sofrimento e à minha função enquanto mulher do século XXI numa Igreja de dois mil anos. Minha busca por respostas se estenderia por quinze anos, e me levaria a lugares que nunca tinha imaginado visitar, forçando-me a reconsiderar quase tudo o que eu achava saber sobre o que significa ser uma mulher livre. Anos ainda se passariam antes de que eu pudesse reconhecer os meus esforços como uma jornada rumo à compreensão da minha identidade feminina à luz da minha fé cristã e do feminismo contemporâneo, para que eu viesse a captar a essência do que João Paulo II[5] chamou de «gênio feminino». Mesmo assim, algo importante já havia acontecido antes do fim dos meus anos de faculdade: aprendi que as mesmas santas que eu antes considerava irrelevantes para a minha busca poderiam vir a ser guias indispensáveis.

---

(5) Quando este livro foi escrito, a canonização de São João Paulo II, em 27 de abril de 2014, ainda não havia acontecido. Por conta disso, optou-se por omitir a partícula "São". (N. do T.)

Teresa foi a primeira. Embora ainda não tivesse respostas para a maioria das perguntas que fizera naquela janela dezoito meses antes, o exemplo de Teresa me convenceu de que a minha jornada para a compreensão de quem eu era e como deveria viver enquanto mulher estava inextricavelmente ligada à minha busca de Deus. Ao ler a respeito da transformação de uma garota festeira, que vivia irrestritamente para o prazer e para o status, numa santa que mobilizou os seus talentos prodigiosos e as suas energias a serviço de Deus, tive esperança de que a minha própria intensidade natural poderia encontrar uma aplicação prática mais nobre do que viver passeando de bar em bar e compondo um bom *curriculum vitae*. A juventude desperdiçada de Teresa e seus tropeços na trilha da santidade lembraram-me que, apesar de todo o tempo que eu desperdiçara até iniciar a minha jornada interior, nunca é tarde demais para dar o primeiro passo.

2
Criança novamente

Recebi a ligação numa sóbria noite de janeiro de 1996, pouco depois de retornar a Milwaukee para o meu último semestre de faculdade. Estava sentada à escrivaninha do meu quarto, olhando para uma montanha de materiais de leitura das minhas disciplinas e uma pilha de currículos que ainda precisava distribuir.

Era minha mãe do outro lado da linha. Ela tinha levado meu pai ao médico por causa dos surtos de esquecimento dele, e o diagnóstico não tinha sido nada bom. Era Alzheimer.

Apertei o telefone enquanto fixava o olhar nas paredes brancas vazias do meu quarto, buscando absorver as palavras dela. Meus olhos encontraram a cruz celta que meu pai me trouxera da Irlanda alguns meses antes. Eu queria acreditar na promessa que ela simbolizava e apegar-me à esperança que ouvi na voz do meu pai quando ele pegou o telefone e me disse: «Tudo vai ficar bem». Porém, quando desliguei, senti somente tontura, vazio e medo.

Sentada, naquele silêncio imóvel, eu tentava imaginar o que os anos seguintes trariam. Uma antiga lembrança reprimida de súbito me veio à mente. Era uma imagem de mim mesma quando era menina, enrolada em cobertores e fazendo minhas orações a Jesus antes de dormir. Havia dois pedidos que eu sempre fazia por meu pai: que ele vivesse tempo suficiente para entrar comigo na igreja no dia do meu casamento, e que ele morresse de uma doença que nos desse tempo de dizer-lhe adeus.

Tais pedidos podem parecer mórbidos para uma criança cujo pai era um exemplo de vitalidade ao longo de toda a infância. Enérgico como um rapaz com metade da sua idade e dotado de uma paixão por toda atividade física, papai entrava correndo em casa todo dia após o trabalho, jogava a maleta na mesa e trocava de roupa num minuto. Ele então chamava a mim e ao meu irmão mais velho, Tom, e nos levava para andar de bicicleta, jogar basquete ou ensinar-nos a chutar ou arremessar a bola no nosso quintal.

Meu pai era tão jovem de espírito que eu nunca tinha pensado sobre a idade dele até a segunda série, quando uma colega do meu time de futebol me perguntou se o homem que torcia por mim na arquibancada era o meu avô. Sempre soube que meu pai era mais velho que minha mãe – eles faziam piadas frequentes sobre a diferença de idade de onze anos –, mas até então nunca havia ponderado sobre como era incomum ter um pai que já tinha quarenta e cinco anos no dia em que eu nasci. Seria possível que a idade do meu pai não lhe permitiria ver-me crescer? Ou que ele morreria uma manhã qualquer, sem nenhum aviso ou mesmo um abraço de despedida?

Comecei a me preocupar com ataques cardíacos e derrames, a escutar atentamente histórias sobre homens da idade do meu pai que morriam subitamente no meio de um jogo qualquer ou de uma caminhada matinal. Quando a minha professora da terceira série nos passou uma série de aulas sobre a nicotina, eu memorizava diligentemente cada fato tenebroso e voltava para casa para encenar apresentações diárias ao meu pai sobre os perigos do cachimbo. Impressionado pela minha insistência e movido pelos meus apelos, ele logo parou de fumar.

Durante a adolescência, depois que o meu irmão foi para a faculdade com uma bolsa de estudos esportiva, e que eu me tornei o único foco da atenção do meu pai em casa, meu medo de perdê-lo foi sendo esquecido e a sua idade passou a me incomodar por outros motivos. Éramos parecidos demais para nos darmos bem; discutíamos constantemente, e nossas interações diárias eram marcadas pela irritação, principalmente da minha parte. Papai me levava para a escola a uma velocidade extremamente lenta por mais atrasada que estivesse, experimentando novos caminhos o tempo todo numa tentativa, certamente deliberada, de me deixar louca. Brigávamos quando eu o provocava espirrando laquê no cabelo quando já estava sentada no banco do acompanhante, e ele reclamava que o aerossol o sufocava e abria a janela do seu lado para poder respirar.

Naqueles anos, meu pai parecia tão insuportável, tão velho, tão chato. Ele tinha o hábito de discutir tão aguçado quanto o meu, e tinha uma aparência e modo de agir que parecia ultrapassado, com as suas músicas da época das *big bands*, as suas camisas com cara de anos 1970 que ele se recusava a aposentar, e as suas tiradas que me divertiam quando eu era criança mas me irritavam quando eu era adolescente. Sentia-me culpada quando encontrava com os pais das minhas amigas e me pegava desejando que o meu pai fosse mais como eles – mais novo, mais rico, menos religioso e mais descolado. Queria responder com educação quando ele tentava se aproximar de mim convidando-me para um passeio de bicicleta, ou para esquiarmos juntos, ou até para irmos tomar um sorvete – mas nossos passeios quase sempre acabavam num silêncio constrangedor. Ele queria relacionar-se comigo como quando eu era criança. Mas eu não era mais criança, e nós não conhecíamos outra forma de nos unirmos.

A tensão entre nós diminuiu quando eu entrei na faculdade, principalmente porque não nos víamos com a mesma frequência. No meu último ano do colégio em Colorado, escolhi uma faculdade a mais de mil quilômetros de distância. Eu visitava meus pais raramente, mesmo depois que o novo emprego do meu pai os trouxe de volta a Saint Louis, cidade natal dele, perto do final do meu primeiro ano de faculdade. Ele se ofereceu muitas vezes para encarar a viagem de seis horas de carro para vir visitar-me em Milwaukee, mas eu sempre inventava desculpas para mantê-lo à distância. Passar um fim de semana com o meu pai significava perder um fim de semana com as minhas amigas, e essa era uma troca que eu não estava disposta a fazer.

Lembranças daqueles convites recusados inundaram minha mente naquela noite de inverno, e eu me espantava com o fato de que talvez Deus estivesse respondendo, de alguma forma estranha e aterradora, às orações da minha infância. Eu sabia o suficiente para compreender os fatos objetivos acerca do mal de Alzheimer: uma síndrome cerebral degenerativa e progressiva que causa perda de memória, mudanças de personalidade, desorientação e a morte, geralmente ao longo de uma década ou mais. O que eu não conhecia – e não tinha nenhum desejo de conhecer – era a verdade subjetiva a respeito da demência: a sensação que se tem quando vemos um ente querido entregar lentamente a sua independência, as suas memórias, a sua mente.

Minha abençoada ignorância não durou muito. Poucos meses após o diagnóstico, meus pais vieram a Milwaukee para comparecer à minha cerimônia de aceitação na Alpha Sigma Nu, a sociedade honorífica jesuíta. Eu tentara convencê-los a ficar em casa – não era nada muito importante, eu disse –, mas eles estavam orgulhosos demais para se ausentarem.

A visita foi tensa. Mamãe passou o tempo inteiro ajudando papai ansiosamente com seus lapsos de memória, e eu lutava para suprimir a minha impaciência com a constante repetição das mesmas histórias e com os seus inusitados ataques de irritabilidade. No domingo à tarde, enquanto levava meus pais até o carro, esperava ansiosamente a sua partida. Seria melhor afastar-me deles – pensei – e deixar os problemas do meu pai sumirem da vista e da minha mente consciente. Já tinha problemas demais.

Foi então que olhei para eles e vi papai sorrindo para mim com um olhar esquisito.

– Vou chegar primeiro – ele disse.

— O quê?

— Vou chegar primeiro no carro. Vamos!

— Não quero apostar corrida, pai. Estamos no meio do campus.

— Por quê? Você está com medo?

Olhei para a minha mãe procurando ajuda, mas ela só me respondeu com um sorriso nervoso e acenou.

— Vamos, Colleen — disse ela —, ele quer correr.

— Mas eu não quero correr.

— Ela está com medo, Mary — papai disse cantarolando como uma criança provocativa.

— Não estou com medo — falei mais alto —, só não quero correr pelo campus parecendo uma criancinha de dois anos.

Podia ver meu pai ficando animado, seus olhos azuis brilhando como os de uma criança levada. Tinha sessenta e seis anos nas costas e queria apostar corrida.

Olhei para a esquerda e depois para a direita. Não vendo ninguém por perto, suspirei. Não havia como escapar dessa.

— Tudo bem — eu disse.

Papai bateu as palmas com prazer e agachou-se na calçada como se fosse o início de uma corrida. Seus dedos enrugados serviam-lhe de apoio no pavimento. «Mary, você conta».

Disparei mais um olhar desesperado para a minha mãe, que fingiu não perceber minha irritação. Suspirando pesadamente mais uma vez, agachei-me na calçada ao lado do meu pai.

— Muito bem — mamãe disse. — Vou contar até três: um, dois...

– Três! – papai gritou e começou a correr com dificuldade.

Ele disparou na frente. Sua forma compacta ia de encontro com o vento. Fiquei para trás boquiaberta, até que a minha mãe me deu um empurrão.

– Vai! – ela cochichou.

Então comecei a correr. Estava irritada, perplexa e envergonhada ao mesmo tempo; e bem quando decidi começar a correr para valer, papai caiu no chão na minha frente.

– Ai!– ele gritava rolando no concreto, segurando o joelho esquerdo.

Mamãe correu até ele, mas ele a afastou para o lado. Vendo-o ali estirado de barriga para cima no meio do pavimento, senti um nó na garganta. Percebi que era assim que as coisas seriam dali em diante; era assim que meu pai envelheceria e morreria. Não seria o adeus que eu havia temido; seria algo muito mais estranho e trágico, uma reversão que eu nunca imaginara.

Durante toda a minha vida, eu fora a criança, e ele, o adulto. Agora que eu finalmente tinha idade suficiente para conhecer meu pai como adulto, ele se tornaria a criança.

«A santa de que precisamos»

Inicialmente, não associei a minha tristeza pelo diagnóstico do meu pai com a minha jornada espiritual nascente. Para mim, bastava enterrá-la debaixo da ansiedade da procura de emprego e, posteriormente, dos preparativos para a minha mudança para Memphis, onde eu havia aceitado uma vaga como repórter no *Memphis Commercial*

Appeal. Conforme a formatura vinha chegando, eu continuava meu regime de leituras espirituais, mas não procurava especificamente escolher livros que me ajudassem a lidar com a condição do meu pai. Estava mais interessada em achar outra mulher de fé descolada e bem resolvida como Teresa – alguém com quem eu pudesse me identificar.

A mais famosa filha espiritual de Teresa na tradição carmelita calhou de ser uma das santas favoritas do meu pai: Teresa de Lisieux. Papai sempre a descrevera como uma espécie de potência espiritual adormecida, uma mulher cuja força e sabedoria monumentais eram obscurecidas pela imagem pintada por alguns dos seus devotos. Da minha parte, nunca tivera muito interesse por Teresinha. Exasperavam-me os seus dizeres floreados e a sua imagem demasiado adocicada pelos cantos de cada igreja a que eu ia. Ela parecia ser um tédio.

Já a ativista católica Dorothy Day era outra história. Seu nome soava muito familiar nos grupos de promoção de justiça social de Marquette, onde os seus documentos pessoais se encontravam arquivados, e na minha própria casa, onde minha mãe, que era também ativista social católica, colecionava a publicação *The Catholic Worker* de Dorothy na mesinha de centro da sala. Durante anos li os seus escritos sobre a dignidade dos pobres e a necessidade de uma comunidade cristã. Eles haviam-me inspirado a servir como voluntária na *Catholic Worker House* de Milwaukee. Por isso, fiquei intrigada quando, algumas semanas antes da formatura, encontrei ao acaso a biografia de Teresinha que Dorothy escrevera.

À primeira vista, aquelas duas mulheres não poderiam ter sido mais diferentes uma da outra. Dorothy foi jornalista e defensora do direito da mulher ao voto, abraçou elementos de anarquismo e socialismo quando jovem, participou de bebedeiras numa taverna de Greenwich Village conhecida como «*Hell Hole*» e teve diversos casos amorosos antes de chegar aos trinta, incluindo um breve casamento que terminou um ano depois. Ela abortou o primeiro filho e viveu um casamento civil com o pai do segundo. Quando completou trinta anos, o nascimento da sua filha e uma fome espiritual crescente levaram-na a converter-se ao catolicismo, algo que afastou o pai ateu do seu filho. Esta mãe solteira então canalizou seus impulsos ativistas na época da Grande Depressão para fundar o movimento *Catholic Worker*, um agrupamento de comunidades leigas independentes organizado para oferecer hospitalidade aos excluídos e marginalizados. Uma pacifista ardente que mesclou a piedade católica tradicional com uma visão radical de reforma social, Dorothy continuou advogando abertamente a causa dos trabalhadores, dos sem-teto e dos pobres, pelo resto dos seus 83 anos. Em 2000, duas décadas depois da sua morte, o Papa João Paulo II a declarou «serva de Deus», o que constitui o primeiro passo no processo de canonização da Igreja Católica.

A protagonista do estudo de Dorothy publicado em 1960, *Therese*, tivera uma vida muito menos agitada, pelo menos aparentemente. Diferente da infância extravagante e da juventude boêmia de Dorothy, Teresinha fora criada numa família burguesa e passara a vida inteira na mesma região da França setentrional. Uma freira carmelita do século XIX, Teresinha morrera de tuberculose aos 24 anos, apenas cinco semanas antes do nascimento de Dorothy.

Não fundou comunidade alguma, não realizou nenhum trabalho missionário, nem deixou legado algum de ativismo social. Ninguém a conhecia fora das paredes do seu convento. Até as suas colegas de convento pensaram que teriam de quebrar a cabeça para compor um obituário, já que ela não havia realizado nada digno de nota.

Quando leu a autobiografia de Teresinha pela primeira vez após ter-se convertido, Dorothy concordou com a observação. A franca jornalista dispensou a obra *História de uma alma*, de Teresinha, como «bobagens piedosas». Cerca de três décadas depois, no entanto, Dorothy reconsiderou a sua avaliação e passou a achar Teresinha cativante o suficiente para dedicar-lhe a composição de uma longa biografia. Ela agora via Teresinha como «a santa de que precisamos», alguém cuja simplicidade infantil e o amor de Deus tornaram apta a enfrentar o desafio da desesperança e da impotência que os crentes modernos sentem quando são confrontados com os males e tribulações da vida. Numa sociedade tecnológica obcecada pela racionalidade, pela eficiência e pela produtividade – dizia Dorothy –, Teresinha nos lembra que a vocação mais elevada do ser humano é o amor: «Ela fala à nossa condição. Será o átomo algo pequeno? E vejam só a destruição que causou. Será a simplicidade dela uma pequena contribuição para a vida do espírito? E tem todo o poder do espírito do cristianismo por trás de si. É uma força que pode transformar as nossas vidas e a vida do mundo se for posta em prática».

A recomendação de Dorothy fez-me olhar para Teresinha uma segunda vez, primeiramente pela leitura da biografia escrita por Dorothy, e depois lendo as próprias cartas e relatos que Teresinha escrevera. Conforme aprendia mais sobre ela, passava a partilhar do carinho que Dorothy tinha por essa santa de jeito infantil, e a ver como ela poderia me ajudar a compreender o que estava acontecendo com o meu pai.

O caminho simples

A história de Marie Françoise-Thérèse Martin inicia-se em 1873 com seu nascimento. Seus pais, Louis e Zélie Martin, cristãos devotos, foram declarados «beatos» pela Igreja e, portanto, já estão eles mesmos a um passo da canonização[1]. Teresinha perdeu a mãe para o câncer de mama aos quatro anos e foi criada pelo pai viúvo e por suas quatro irmãs mais velhas, que vieram todas a tornar-se freiras. Ela foi uma criança muito espiritual, porém teimosa e irritável, dada a acessos de mau humor por qualquer comentário que a chateasse, ou por alguma pequena satisfação que lhe fosse negada. Aos treze anos, uma conversão natalina levou-a a renunciar à sua personalidade forte. Menos de dois anos mais tarde, aos quinze anos de idade, depois de requisitar ao mundo inteiro – do seu pai ao bispo local, e até mesmo ao Papa Leão XIII –, Teresinha obteve permissão especial para juntar-se à comunidade carmelita de Lisieux, à qual duas de suas irmãs já pertenciam.

---

(1) Na verdade, em 18 de outubro de 2015 – portanto depois da redação original deste livro –, ambos foram canonizados pelo Papa Francisco, tornando-se assim o primeiro casal não mártir a ser declarado santo numa mesma cerimônia em toda a história da Igreja. (N. do T.)

Irmã Teresa do Menino Jesus e da Sagrada Face passou nove anos no Carmelo. Seu rápido progresso na intimidade com Deus durante aquele período passou amplamente despercebido pelas suas colegas de convento, e não por acaso. Teresinha cultivava uma espiritualidade baseada em atos ocultos de amor e de sacrifício.

Embora admirasse grandes santas, como Joana d'Arc e Teresa de Ávila, Teresinha sentia-se incapaz de imitar seus atos de bravura e penitência intensa. Ela buscava uma via espiritual mais apropriada às suas fraquezas e imperfeições, que descrevia como «muito reta, muito curta e totalmente nova». Como Teresinha explica em sua História de uma alma:

> Vivemos hoje numa era de invenções, e nem precisamos mais nos esforçar para subir escadas, pois nas casas dos ricos o elevador já as substituiu com grande sucesso. Eu queria encontrar um elevador que me levasse até Jesus, porque sou muito pequena para escalar a íngreme escadaria da perfeição. Procurei, então, nas Escrituras por algum sinal desse elevador, objeto de meu desejo, e encontrei estas palavras vindas da boca da eterna sabedoria: "Quem for *pequeno* venha até mim" (Prov 9, 4). Foi então que alcancei o sucesso; senti que havia encontrado o que buscava. Porém, desejosa de saber, ó meu Deus, o que tinhas reservado para a pequenina que respondera ao teu chamado, continuei procurando e descobri isto: "Como uma criança que a mãe consola, sereis consolados em Jerusalém. Seus filhinhos serão carregados ao colo, e acariciados no regaço" (Is 66, 12-13). Ah! Nunca ouvira palavras

mais tenras e melodiosas que tanto me confortassem a alma. O elevador de que preciso para chegar aos céus são os teus braços, ó Jesus! E, para tanto, não era necessário que eu crescesse, mas sim que permanecesse *pequena*, e me apequenasse cada vez mais.

A «via simples de infância espiritual» de Teresinha, como veio a ser conhecido, foi desenvolvido a partir do mandamento de Jesus no Evangelho segundo Mateus: «Deixai vir a mim estas criancinhas e não as impeçais, porque o Reino dos céus é para aqueles que se lhes assemelham» (Mt 19, 14). Tais passagens bíblicas convenceram Teresinha de que o que Jesus mais quer dos seus seguidores não são grandes feitos, mas um grande amor, uma atitude interior de confiança total e infantil em Deus. «Percebo que é suficiente constatarmos nossa nulidade, e nos entregarmos inteiramente, como crianças, aos braços do bom Deus», escreve Teresinha. «Deixando para as grandes almas e mentes os importantes livros que não consigo compreender, alegro-me em ser pequena, porque "somente as crianças, e aqueles que se lhes assemelham, serão admitidos ao banquete celeste"».

Teresinha acreditava que a maneira mais certa de cultivar e expressar esse abandono infantil a Deus era oferecendo-lhe pequenos atos cotidianos de amor: por exemplo, esforçando-se por tornar-se amiga da freira mais rabugenta do convento, recusando-se a reclamar quando acusada de um erro que não cometera, escolhendo alegremente e em silêncio aguentar um quarto gelado, um insulto direcionado a ela ou ainda água suja que uma colega espirrava nela toda vez que iam lavar as roupas juntas. Teresinha oferecia essas demonstrações de desprezo e esses sofrimentos como flores em volta do trono do seu Pai celestial. «É assim que a minha vida se consumirá», diz Teresinha, «juntando flores, isto é, sem deixar escapar nenhum pequeno sacrifício, nenhum olhar, nenhuma palavra; convertendo todas as pequenas coisas em ganho e fazendo-o por amor».

O caminho simples de Teresinha não a obrigava a dizer a si mesma ou a Deus que tais irritações não a incomodavam ou a fingir sentimentos que ela não tinha. Sua natureza sensível era precisamente o que fazia dos seus atos de bondade e paciência um sacrifício. E, apesar da linguagem infantil que empregava, Teresinha teve de enfrentar sofrimentos intensos, tanto físicos como espirituais, nos últimos anos da sua vida, e oferecer a Deus com resolução e amor os seus pesares conforme morria no seu leito.

Depois da sua morte, ela se transformou rapidamente numa das santas mais amadas e conhecidas da Igreja. Teólogos passaram mais de um século decodificando a profundidade e a originalidade das suas visões espirituais. A basílica dedicada a ela em Lisieux atrai mais de dois milhões de peregrinos todo ano. Sua autobiografia, escrita a pedido da sua madre superiora, tornou-se um *best-seller* no mundo todo. Denominada «a maior santa dos tempos modernos» pelo Papa São Pio X, Teresinha foi canonizada somente vinte e oito anos após a morte. Em 1997, um século depois, o Papa João Paulo II declarou-a Doutora da Igreja – a mais jovem da história e uma das únicas quatro mulheres a receberem essa honra. Ele elogiou a atenção de Teresinha ao amor e ao serviço de Deus nas circunstâncias mundanas do dia a dia, algo que ele via como inextricavelmente ligado à sua natureza feminina. «Em sua abordagem do Evangelho», disse João Paulo II, «Teresinha soube compreender a sua riqueza oculta com aquela praticidade e ressonância profunda de vida e sabedoria que pertencem ao gênio feminino».

Um pai «coroado de glória»

Uma das características mais geniais da espiritualidade de Teresinha foi como isso lhe permitiu lidar com o que a santa chamou de «a grande provação» de seu pai: a demência que foi sua derrocada.

Como no meu caso, Teresinha conheceu a agonia de ver um pai inteligente e muito amado perder gradualmente o contato com o mundo à sua volta. Os problemas de Louis Martin iniciaram pouco tempo depois de Teresinha entrar no convento, com uma série de derrames paralisantes que o deixavam cada vez mais confuso e desorientado. Ao longo de um período de seis anos, ele teve de enfrentar alucinações, lapsos de memória, impedimentos de fala, uma dependência crescente dos parentes que cuidavam dele e até o confinamento num manicômio.

O estilo de vida recluso de Teresinha não lhe permitiu visitar o pai mais do que umas poucas vezes depois da sua aceitação no convento. No entanto, ela permaneceu plenamente consciente do sofrimento dele, e chorava em privado pela sua condição. Em sua autobiografia, ela descreve como se sentiu quando ficou sabendo da sua transferência para uma instituição psiquiátrica. Após anos pedindo a Deus pelo privilégio de poder sofrer mais por amor de Cristo, Teresinha sentiu-se devastada pela tristeza. Entretanto, ela via sentido nesse «mais amargo e humilhante de todos os cálices». Ela escreve: «Ah! Naquele dia eu não disse que aguentaria sofrer mais! Palavras não podem descrever a nossa angústia, e eu não tentarei descrevê-la. Um dia, no céu, regozijar-nos-emos ao conversar sobre nossas provações gloriosas; já não nos alegramos por as termos sofrido? Sim, os três anos de martírio do meu pai parecem-me os mais amáveis e frutíferos da minha vida; não os trocaria por todos os êxtases e revelações dos santos».

A reação incomum de Teresinha a uma situação tão terrível intrigou-me. Ainda mais intrigante foi o jeito como ela via a dependência crescente do seu pai como uma oportunidade para o aumento da sua intimidade com Deus e com os seus entes queridos. Um homem robusto conhecido por sua expressividade e alegria, Louis começara a sofrer ataques de choro e adquiriu o hábito de cobrir a cabeça com um lenço. Mas ele continuou a manifestar alegria em meio à dor e às mudanças de personalidade, falando frequentemente do céu e lembrando as suas filhas de rezarem não pela cura, mas para que se fizesse a vontade de Deus. Mesmo o seu tempo num hospital psiquiátrico converteu-se em ocasião para a graça, enquanto Louis se esforçava por inspirar os outros pacientes, dividindo a sua comida com eles e acostumando-se a receber ordens mais do que a dá-las. Teresinha observou que o seu pai estava perdendo o interesse pelas coisas do mundo e via Deus «inundando-o de consolações», mesmo quando ele perdeu seu status e suas posses – um processo de purificação que, cria ela, Deus estava promovendo para aproximar seu pai cada vez mais do Cristo que sofre. Louis concordava. «Sei que Deus me enviou esta provação», disse ele. «Nunca sofri humilhação alguma na vida; eu precisava de uma».

A humilhação de Louis chegou ao auge em sua última visita a Teresinha e suas irmãs no convento. Ele teve de ser empurrado numa cadeira de rodas e, apesar de muito esforço para comunicar-se, ele não conseguiu falar com a «rainhazinha» com quem antes tivera tantas e tão interessantes conversas. Quando decidiram levá-lo embora, ele elevou os olhos com uma face enrugada e infantil, apontou para cima e articulou suas duas últimas palavras para as filhas: «No céu».

Para Teresinha, a provação do seu pai não terminou em tragédia, mas em triunfo – na união com Deus após uma longa transformação no tipo de seguidor com mente de criança que Jesus pede nos Evangelhos. Ela acreditava que todas as perdas e humilhações de Louis haviam refinado a sua alma e feito dele alguém por quem se deve ter admiração, e não pena. «Agora que ele está no céu», diz Teresinha, «nunca mais a mão divina se retirará da cabeça que coroou de glória».

Sinais de declínio

Ao ler essas palavras de uma santa da minha idade, cujo pai sofrera o mesmo destino que aguardava o meu, senti uma forte ligação com Teresinha. Parte dessa conexão era devida a paralelos que eu reconhecia entre a personalidade de Teresinha e a minha: o seu desejo de fazer grandes coisas por Deus unido à dolorosa consciência de que a maioria dos feitos heroicos e duras penitências estavam além do seu alcance; a sua intensa sensibilidade, que a tornava ao mesmo tempo grandemente empática e extremamente delicada; e a sua impaciência natural com colegas irritantes, um obstáculo à santidade que ela transformara em oportunidade de mostrar a Jesus o seu amor. Teresinha não era uma pecadora digna de nota, mas conseguiu vencer os mesmos vícios arraigados de cada dia que pareciam impedir o meu crescimento espiritual. E o seu sucesso se deveu a uma fé baseada no amor, não na mera obrigação, culpa ou medo.

Talvez o mais relevante fosse que eu me identificava com o tipo de relacionamento afetuoso e difícil que ela teve com o seu pai. A afeição infantil que Teresinha sentia por ele, mesclada com a compreensão madura e dolorosa do quanto ele estava sofrendo, falou-me à alma. Eu percebi o aço que se escondia por baixo da doçura de Teresinha – a força de uma mulher sábia para além da sua idade, que se recusava a afastar a atenção da provação do pai ou a negar a fé que lhe prometia uma recompensa eterna por tais dificuldades. Enxergar a demência através dos olhos de Teresinha deu-me uma nova perspectiva da doença do meu pai. E quanto mais eu refletia sobre a vida e sabedoria de Teresinha, mais me sentia chamada a passar tempo com papai.

Houve muitas oportunidades depois da graduação. Um ano depois de me mudar para Memphis em meu primeiro emprego num jornal, ofereceram-me uma vaga como repórter no *St. Louis Post-Dispatch*[2]. Aceitei sem pensar duas vezes. Toda a minha família próxima morava em Saint Louis àquela altura – meu irmão havia-se mudado para lá também pouco depois de se formar, em busca de uma carreira em vendas – e parecia ser onde eu devia estar, pelo menos pelos próximos anos. Sentia-me grata pela oportunidade de trabalhar num jornal maior e, ao mesmo tempo, estar mais perto do meu pai em sua hora de necessidade.

Papai adorou a novidade. Democrata de longa data com uma paixão pelo diário historicamente progressista da sua cidade natal, ele se deliciava com meus artigos de primeira página e, posteriormente, com meus editoriais no *Post-Dispatch*. Melhor ainda, ele adorava poder ver-me com tanta frequência. Após um longo dia na redação, eu passava no apartamento dos meus pais na zona sul de Saint Louis para uma visita. Papai batia palmas ao me ver, apertava-me num abraço de urso e então me mandava sentar e contar o que havia de novo na minha vida. Ele se esquecia com frequência do que eu dizia, mas eu gostava das nossas conversas mesmo assim.

O jeito animado do meu pai facilitava as minhas tentativas de ignorar as suas limitações, pelo menos quando se tratava de visitas breves. Visitas mais longas eram bem diferentes. Percebi isso em dezembro de 1999, quando viajei para a Irlanda com os meus pais. Nós todos já havíamos ido para lá antes: meu pai tinha visitado o país décadas antes com os meus avós; em 1995, meus pais

---

(2) Maior jornal de Saint Louis, fundado em 1878 por Joseph Pulitzer, que ficou mundialmente conhecido pelo seu prêmio de jornalismo. (N. do T.)

tinham ido para lá juntos; e eu havia ido pela primeira vez com uma colega da faculdade em 1998. Planejei essa viagem para nós três porque queria beber à beira-mar naquele litoral rústico e desfrutar da hospitalidade dos nossos primos irlandeses novamente, desta vez com o meu pai irlandês ao meu lado. Eu sabia que aquela seria a minha última chance de ver a Ilha Esmeralda através dos seus olhos.

Planejei a viagem meticulosamente, cuidando para incluir visitas a parentes nas regiões leste, sul e oeste da ilha. Esquematizei paradas em todas as atrações turísticas obrigatórias de que papai me falara quando era pequena, incluindo a misteriosamente bela Baía de Galway, que a mãe do meu pai crescera admirando da sua pequenina janela na fazenda onde morara. Papai costumava ninar-me com a canção melancólica de Arthur Colahan «Galway Bay», cuja letra era:

> Se alguma vez você atravessar o mar até a Irlanda,
> Talvez então, ao final do dia,
> Você assistirá sentado à lua subindo, acima de Claddagh,
> E verá o sol se pôr na Baía de Galway...
> E se houver uma vida depois desta,
> E algo me diz que com certeza haverá,
> Pedirei a Deus que me deixe fazer o meu céu
> Naquela querida terra além do Mar da Irlanda.

Assim que avistamos a Baía de Galway no meio do trajeto, parei nosso carro alugado no acostamento esquerdo da via e saí, ansiosa por admirar a vista com o meu pai. Mamãe estava maravilhada com a paisagem, mas ele mal podia ser persuadido a sair do carro, e agia da mesma maneira na maioria das outras paradas: cansado, rabugento, sem entender muito bem por que estávamos lá e ansioso por continuar a viagem.

Era um comportamento estranho para um homem descrito pelo seu melhor amigo como alguém que parecia ter um «traseiro de couro» de tanto dirigir. Papai sempre fora conhecido pela sua paixão por viajar, um motorista inveterado que não via nenhum problema em empreender viagens de carro de proporções continentais só pela oportunidade de ver mais uma maravilha natural ou de visitar algum amigo que residisse longe de nós. A sua famosa disposição itinerante aliada à natureza variável do seu trabalho no mundo das caridades sem fins lucrativos fez com que a nossa família fosse morar em meia dúzia de estados diferentes ao longo da sua carreira. Ouvi-lo resmungar por causa de uma viagem de duas horas por uma paisagem que ele mesmo me havia descrito em termos belíssimos ao longo dos meus vinte e cinco anos de vida era, para mim, incompreensível, irritante – e doloroso.

Eu entendia, pelo menos teoricamente, que o Alzheimer era responsável pelo inesperado comportamento resmungão e desinteressado. Era possível perceber que os arredores não familiares, a quebra de rotina e os efeitos persistentes da mudança de fuso horário exigiam muito do meu pai já em seus sessenta e nove anos, um peso que eu descuidadamente havia esquecido de computar no planejamento da nossa curta viagem «a jato» de uma semana. Entretanto, papai ainda parecia o mesmo homem robusto e corado de sempre; ainda caminhava com o mesmo passo confiante e deliberado; ainda agarrava a alça do passageiro com a mesma intensidade feroz quando desaprovava a velocidade a que eu dirigia ou as curvas fechadas que eu fazia; e ainda pontuava as suas histórias com as mesmas frases de efeito que eu ouvia na infância. A estranha falta de nexo entre os seus antigos e familiares hábitos e o seu novo comportamento esquisito por vezes me irritavam, por vezes deixavam-me confusa. Eu ainda esperava que o meu pai fosse o mesmo homem que me vira crescer, mas ele estava mudando bem diante dos meus olhos.

Os primos de papai também notaram as mudanças. Apesar de ter adorado vê-los novamente, ele não conseguia lembrar os seus nomes, nem o seu grau de parentesco com cada um deles, nem o que lhe tinham dito momentos antes. O homem que outrora dominara as ocasiões sociais com as suas tiradas inteligentes e histórias elaboradas agora sentava espalhado numa poltrona, intrometendo-se apenas ocasionalmente com observações que faziam pouco sentido. Ao final de cada visita, parentes que quatro anos antes haviam certificado a minha mãe de que não viam sinal dos problemas de memória do meu pai agora nos ofereciam olhares de cumplicidade e sorrisos de pena.

Nos pequenos hotéis em que ficamos, eu podia ouvir o meu pai, que antes tivera o hábito de dormir bem tarde, roncando desde o corredor minutos depois de entrar no quarto, e muitas vezes já às sete da noite. De manhã, eu acompanhava os cuidados que a minha mãe tomava nos bastidores e que eu não conhecia até então: ela escolhia a cueca dele, as meias, a calça e a camisa, achava os óculos e os sapatos, levava-o até a mesa do café da manhã e lembrava-o de não usar os talheres de quem estava sentado ao lado dele e de pôr o café numa xícara, e não na tigela de cereais.

O grau de dependência de papai me chocou e assustou. A minha frustração gradualmente transformava-se em tristeza conforme eu percebia que estava finalmente vendo o declínio que as minhas visitas rápidas haviam anteriormente disfarçado. Quando a viagem acabou, vi-me sozinha num frio quarto de hotel, rabiscando notas manchadas de lágrimas no meu diário enquanto tentava compreender o que testemunhara ao longo daquela semana:

> Eu sabia que papai tinha Alzheimer. Eu até achava que conhecia as suas limitações, mas nunca havia percebido com tanta clareza como nestes últimos dias como ele se tornou vulnerável, e quanto ele, e eu, perdemos. Parece que eu deveria prestar atenção ao que todos estão dizendo: que ele consegue conversar, rir e falar coisa com coisa (pelo menos na maior parte do tempo); que ele ainda me reconhece. Mas só o que consigo ver – e sentir – é o vazio de um pai que não consegue comunicar-se comigo. Um pai que me pergunta o tempo inteiro sobre a minha vida, mas não consegue absorver as minhas respostas. Um pai que continua recuando cada vez mais para o passado, para antes da minha existência, um tempo em que eu não tenho importância. Um pai que só se encontra meio presente, meio ciente, meio consciente, meio são. Um copo meio cheio pode ser melhor do que nada, mas não é nada comparado ao artigo original – meu pai, meu pai de verdade, aquele que às vezes esquecia a minha idade ou os nomes das minhas amigas, mas que nunca foi incapaz de conversar comigo sobre coisas importantes ou ajudar-me a resolver um problema.

O declínio do meu pai acelerou depois que retornamos para Saint Louis. Antes ele se perdia no volante; agora se perdia até na quadra em que morava. Assisti com dor no coração à dificuldade daquele hábil escritor, cuja paixão pela escrita me havia inspirado, para assinar os meus cartões de aniversário; aquele que outrora fora um leitor voraz de tratados sobre mística e oração agora lutava para conseguir compreender livros infantis sobre santos.

Havendo dedicado a sua carreira à defesa dos mais vulneráveis – defendendo os deficientes mentais, servindo os doentes e moribundos, apoiando famílias católicas em crise –, papai agora conhecia aquelas vulnerabilidades na carne. Meu pai sempre disse para mim e para o meu irmão que nos amava não pelo que fazíamos, mas por quem éramos, e que somente o fato de sermos quem somos, com ou sem as nossas conquistas, bastava para sermos maravilhosos aos seus olhos. Agora a condição médica dele desafiava-me a devolver-lhe aquele mesmo amor incondicional, a olhar para além das deficiências do meu pai e enxergar a bênção que ele ainda podia ser nas nossas vidas.

A descoberta de uma bênção

A leitura de Teresinha e os pedidos pela sua intercessão facilitaram o processo para mim. Comecei a entender por que ela fora uma das santas favoritas do meu pai, por que um homem que tinha tamanha paixão pela proteção das almas mais infantis identificava-se tanto com «A Pequena Flor», como ele a chamava. Sendo o mais novo de cinco filhos de uma família irlandesa da classe trabalhadora em Saint Louis, meu pai aprendera muito cedo que o amor a Deus requer que cuidemos dos vulneráveis – como os mendigos que a minha avó alimentava da sua varanda durante a Grande Depressão, e os pacientes indigentes que papai atendia nos hospitais no final da sua carreira. O caminho simples de confiança e amor de Teresinha fazia sentido intuitivamente para um homem que dava mais valor a pessoas do que a coisas e confiava no plano divino mais do que nos seus próprios planos.

Até os defeitos do meu pai faziam com que ele e Teresinha estivessem em sintonia. Ele lutara a vida inteira com um humor volátil e com aquilo que os santos por vezes chamam de «orgulho intelectual». Ele era brilhante e corajoso, porém não muito hábil na escolha das suas batalhas; queria travar todas as que apareciam. Protegia os fracos apaixonadamente, mas não tinha paciência com os esnobes, com os afetados ou com pessoas que ele julgava estarem levando vantagem em cima dos indefesos. Julgava frequentemente a si mesmo e aos outros com dureza.

Apesar dessas lutas – ou, talvez, precisamente por conta delas –, papai sempre me lembrava da mesma verdade que ecoa através dos escritos de Teresinha: que Deus nos ama mesmo que cometamos erros, e que a nossa confiança na sua providência deve ser irrestrita. A confiança de papai em Deus brotava da oração. Desde menina eu já percebia isso; por vezes acordava antes de o sol nascer, pulava os brinquedos espalhados pelo meu quarto, chegava ao corredor escuro descalça e na ponta dos pés e o encontrava no escritório lendo as Escrituras ou rezando em silêncio. Assim que me via na porta, sorria e acenava para eu entrar. Eu me arrastava até ele, com os meus olhos azuis ainda sonolentos e os meus cachinhos castanhos-claros despenteados, e subia no seu colo com uma bonequinha esfarrapada. Contava-lhe, então, as minhas esperanças e sonhos, pesadelos e preocupações. Ele me ouvia e depois me lembrava do nosso Pai celestial, em quem eu poderia confiar em todo momento de necessidade. «Lembre-se», dizia ele, citando um dos seus versículos favoritos da epístola de São Paulo aos Romanos, «de que tudo concorre para o bem daqueles que amam a Deus».

Essas lembranças iam ganhando um novo peso conforme via o meu pai navegar pela vida com Alzheimer, e começava a perceber nele evidências da mesma transformação que Teresinha vira acontecer no seu pai. Os sinais eram sutis no começo: uma sensibilidade mais aguçada ao sofrimento dos outros, mais comentários sobre o amor de Deus e menos sobre faltas alheias, uma maior humildade que lhe permitia aceitar a ajuda dos outros com gratidão em vez de raiva.

O sinal mais óbvio do aumento da intimidade de papai com Deus era a sua alegria invencível. Cada dia parecia marcar uma nova perda para ele – outro nome de que não conseguia lembrar-se, outra tarefa que não conseguia mais realizar, outra porta da sua mente que se fechava para sempre com a invasão da doença em seu cérebro. Mas o Alzheimer não conseguia levar embora a alegria do meu pai. Cultivada por uma vida de colocar pessoas acima de posses, princípios acima do prestígio, e o amor de Deus acima de tudo, a sua alegria parecia brotar de uma fonte inesgotável, de um lugar que os tentáculos da doença não conseguiam alcançar.

Todos percebiam essa alegria quando o viam, do barbeiro, para quem ele cantava as suas canções irlandesas, aos cuidadores do centro de atividades para a terceira idade que ele começou a frequentar pouco depois de voltarmos da Irlanda. Papai causava sorrisos ao caminhar pelo centro, curvando-se cordialmente para cumprimentar quem passava ou tirando um chapéu imaginário para as senhoras idosas que olhavam para ele das suas cadeiras de rodas. «Bom te ver», ele dizia aos seus colegas que também sofriam de demência. «Você é demais!».

Ao entrar numa sala repleta de pacientes em variados graus de confusão mental, papai se dirigia até a paciente em pior estado que falava consigo mesma incoerentemente. Aconchegando-se ao seu lado, ele cochichava: «Estamos todos nas mãos de Deus», e acariciava o seu braço até ela se aquietar e acalmar. «Gosto de cuidar das pessoas», ele me dizia, quando conseguia lembrar o que acabara de fazer.

Quanto mais dependente o meu pai se tornava, mais a sua alegria e confiança em Deus cresciam. Seu principal assunto de conversa era agora a vida eterna, e o céu tornara-se um assunto recorrente. Ele ainda tinha recaídas ocasionais de mau humor, mas elas ocorriam mais por medo ou confusão mental do que por raiva. Apesar do declínio da sua acuidade intelectual, a sua percepção de questões espirituais tornava-se cada vez mais penetrante.

A relevância dos comentários do papai com frequência me espantava. Certa tarde de sábado, fiz uma pausa no dia corrido de trabalho e na minha agenda social para fazer uma visita rápida ao meu pai. Eu queria vê-lo, mas também não queria muito estar lá: preferia tirar o atraso do trabalho, fazer planos para a noite, sair com as minhas amigas solteiras de vinte e poucos anos. Sentia-me um pouco inquieta de pensar em envolver-me em mais uma conversa lenta e repetitiva com o meu pai, e também me inquietava o fato de eu ainda ter de encontrar tempo para rezar naquele dia, algo que eu ainda não havia feito.

Subi as escadas do prédio dos meus pais correndo a uma velocidade alucinante, dei uma última olhada cheia de culpa no meu relógio e atravessei rapidamente a cozinha em direção à sala de estar, onde eu sabia que encontraria papai. Respirando profundamente ao entrar na sala, tentei exorcizar a ansiedade na boca do estômago que me dizia que eu não tinha tempo para aquela visita.

Meu pai estava sentado na sua poltrona com um olhar mais sério e sereno do que o normal. Ele abriu um sorriso quando me viu, apertou os dedos e inclinou-se para a frente para contar-me o que havia refletido durante o dia.

«Não estou sendo muito escrupuloso», disse ele, «nem muito piedoso. Mas acabo de perceber que tenho estado ocupado com todas essas outras coisas – trabalho, tarefas, ir de um lado para o outro. Mas o que é que realmente importa?».

Ele pausou por um instante.

«É Deus», arrematou. «Percebi que tenho de prestar mais atenção a Deus, às coisas espirituais. Isso acabou de me vir à cabeça enquanto estava sentado aqui».

Estava chocada demais para responder. As palavras do meu pai eram exatamente o que eu precisava ouvir naquele dia corrido e cheio de distrações. Acabamos ficando quase duas horas conversando e rindo, e a minha ansiedade desfez-se em meio à profunda tranquilidade que papai parecia transmitir por osmose sempre que eu me permitia aproveitar a sua companhia do jeito dele.

Por vezes o incentivo espiritual do papai apresentava-se de formas mais simples: com um «eu te amo» espontâneo que me lembrava da presença contínua de Deus depois de outro encontro decepcionante com o homem errado, com o seu afago gentil na minha mão quando ele percebia que eu estava estressada com alguma questão do trabalho que ele não conseguia compreender, com uma exortação inesperada para que eu me animasse num dia em que tivera de fingir para todos que eu estava bem. Pessoas sãs não conseguiam decifrar os meus sorrisos falsos nem detectar a verdade por trás do ânimo forçado da minha voz, mas papai conseguia.

«Aguente firme», ele me dizia quando eu ligava para ele após um dia particularmente difícil. «Você está nas mãos de Deus».

Perguntei-lhe certa vez o que aquilo significava: estar «nas mãos de Deus».

«Quer dizer que podemos confiar em Deus, que estamos bem», ele dizia.

Nunca dera muita atenção a tais dizeres familiares quando o meu pai os repetia na minha infância. Agora me via escutando atentamente as suas palavras, impressionada pela sua força quando provinham de um homem que perdera tanto, mas tinha mantido tanta fé. Passei a ver o meu pai sob uma nova luz, como uma espécie de farol espiritual cuja inabilidade de compreender os detalhes da minha vida diária – ou até da sua própria vida – libertara o seu foco para as verdades eternas. Eu ainda deixava a casa dos meus pais frustrada e à beira das lágrimas em certas ocasiões, acelerando loucamente na estrada como quem tenta deixar para trás a imagem de um pai confuso e frágil caminhando a esmo por uma casa que ele nem sequer conhecia mais. Em outras ocasiões, eu enrolava no meu apartamento por horas até finalmente decidir ir visitar o papai ou levá-lo para um passeio que mais parecia uma pesada tarefa. Mas não levava mais do que alguns minutos depois que eu me reclinava na poltrona ao seu lado, ou depois que o colocava no banco de passageiro do meu carro, para a minha tensão se esvair e a minha impaciência ser apagada pela alegria contagiosa do papai ao me ver. Tipicamente eu terminava essas visitas com uma leveza surpreendente no peito e com a convicção de que, ao ver o meu pai vulnerável e infantilizado, eu havia visto o amor de Deus encarnado.

As habilidades e lembranças perdidas do papai ainda me causavam grande dor. Eu lamentava não poder mais conversar com ele como antigamente, e via o homem que outrora fora tão eloquente e agora ansiava por comunicar-se comigo sem poder articular os pensamentos com clareza. Eu temia o que o futuro traria, e como a piora no quadro do meu pai viria a isolá-lo ainda mais daqueles que ele amava.

Mesmo assim, eu não podia ignorar as bênçãos ocultas na provação do papai. Ela havia-se tornado, de alguma forma, um meio de cura para nós dois. A sua doença – e principalmente a sua decisão de apoiar-se em Deus em meio a ela – mostrava-me o caráter de um homem que eu não valorizei durante muito tempo. O crescimento da sua humildade e da dependência da minha ajuda aproximou-nos cada vez mais, tirando-nos do beco sem saída em que o nosso relacionamento caíra durante a minha adolescência. Embora eu evitasse a todo custo a ideia de perder o meu pai numa idade em que a maioria dos meus amigos ainda podia contar com os seus, percebi que em muitos aspectos eu era mais afortunada do que eles, porque tinha o privilégio de presenciar a resposta heroica do meu pai ao que poderia ter sido uma provação pesada demais para suportar. Deus estava fazendo do meu pai um homem melhor bem diante dos meus olhos. E, como no caso de Teresinha, Deus me dera um lugar especial para assistir ao processo.

Uma nova padroeira

Em janeiro de 2001, no aniversário de cinco anos do diagnóstico de Alzheimer, a confiança quase infantil do meu pai em Deus já se havia tornado uma referência para mim. Passei a reconhecer que a sua visão da realidade era de fato mais lúcida do que a minha. Eu podia até lembrar com mais facilidade de uma data, ou o lugar onde eu colocara a minha carteira, mas naquilo que realmente importa papai era mais iluminado que eu. Na maioria dos dias, eu ainda operava sob a ilusão de que estava no comando, de que tudo dependia da minha inteligência, da minha diligência e dos meus méritos. Papai sabia a verdade. Ele vivia a essência das palavras de Jesus no Evangelho segundo Mateus:

> Olhai as aves do céu: não semeiam nem ceifam, nem recolhem nos celeiros e vosso Pai celeste as alimenta. Não valeis vós muito mais que elas? Qual de

vós, por mais que se esforce, pode acrescentar um só côvado à duração de sua vida? [...] Não vos aflijais, nem digais: Que comeremos? Que beberemos? Com que nos vestiremos? São os pagãos que se preocupam com tudo isso. Ora, vosso Pai celeste sabe que necessitais de tudo isso. Buscai em primeiro lugar o Reino de Deus e a sua justiça e todas estas coisas vos serão dadas em acréscimo (Mt 6, 26-27.31-33).

Com uma vida inteira de busca pelo Reino de Deus e com sua paciente aceitação do Alzheimer, meu pai havia cultivado o tipo de fé pura que Jesus descreve. Ele transformou-se para mim numa imagem da infância espiritual, um exemplo vivo do caminho de simplicidade de Teresinha. Nos seus pequenos, e quase sempre fragmentários, atos de amor – os terços que rezava diariamente na capela da adoração eucarística pelas minhas intenções, mesmo quando ele esquecia quais eram essas intenções, e nas flores que ele trazia alegremente para a minha mãe, recém-colhidas do jardim do vizinho –, eu reconhecia a verdade da lição mais conhecida de Teresinha: Jesus se importa mais com o amor de que investimos os nossos atos do que com os atos propriamente ditos. Finalmente entendi o que São Paulo queria dizer quando disse aos coríntios:

O que é estulto no mundo, Deus o escolheu para confundir os sábios; e o que é fraco no mundo, Deus o escolheu para confundir os fortes; e o que é vil e desprezível no mundo, Deus o escolheu, como também aquelas coisas que nada são, para destruir as que são. Assim, nenhuma criatura se vangloriará diante de Deus (1 Cor 1, 27-29).

Percebi que Deus fazia uso da aparente fraqueza e tolice do meu pai para mostrar-me a fé infantil que desejava ensinar-me, e desse modo dava-me oportunidades para praticar os atos ocultos de amor que Teresinha tanto recomendava.

Nos anos que se seguiram ao meu encontro com Teresinha, comecei a prestar mais atenção à maneira como interagia com o meu pai: o carinho do meu toque quando o ajudava a vestir a jaqueta, a suavidade da minha voz quando respondia a uma pergunta que ele já fizera mais de dez vezes, os olhares que eu lhe dirigia numa mesa de jantar cheia de pessoas quando ele começava a se perder em meio à conversa rápida. Minha pressa e impaciência naturais faziam com que até esses pequenos atos atenciosos fossem difíceis de realizar com amor. No entanto, quanto mais me esforçava por escutar atentamente as histórias que antes me entediavam, ou por tratar o meu pai com afeto em público mesmo quando o seu comportamento estranho causava constrangimento, mais eu percebia como aquele esforço fazia uma enorme diferença para mim e para ele. Passei a me apressar menos, rir mais, e estar ao seu lado me fazia entrar num estado de paz que só poderia ser comparado com a oração.

Minha descoberta de Teresinha e sua pequena via não apenas mudou o modo como eu via o meu pai, como também o meu modo de ver milhões de outras pessoas na sua mesma condição: os dementes, os deficientes, os enfermos, os fracos, os idosos e os nascituros. Se o que eu lia nos Evangelhos e aprendia com Teresinha e papai era verdade, então a nossa cultura opera uma completa inversão de valores ao tratar tais indivíduos como se fossem descartáveis. Se a produtividade, a eficiência e a racionalidade não são os critérios segundo os quais Deus mede o valor da pessoa humana, tampouco deverão ser esses os meus critérios para medi-lo. Se a dependência de Deus como uma criança é a marca distintiva de uma grande alma, então há grandes almas escondidas em todos os lugares em que o mundo só vê deficiência, decadência e desespero.

Certa tarde, tive a oportunidade de vislumbrar em nível microcósmico como a doença do meu pai havia mudado a minha perspectiva. Meus pais e eu passeávamos então num carro alegórico no Desfile Irlandês de Saint Louis[3], uma festiva e esplendidamente desorganizada parada anual que ocorre no dia 17 de março e toma conta da região irlandesa da cidade, conhecida como Dogtown. Como ocorre no Mardi Gras[4], a parada do dia de São Patrício é comemorada por foliões em carros alegóricos jogando confetes numa multidão barulhenta. Há uma proibição oficial do lançamento dos confetes e a polícia pede aos foliões que os entreguem em mãos; porém, quando as autoridades não estão olhando, eles voltam a lançá-los.

Conforme o nosso carro passava pela densa multidão, fomos cercados por pessoas que nos pediam que jogássemos colares verdes, dourados e roxos, que nós lançávamos às dúzias. Papai, sentado do meu lado com um chapéu irlandês e um enorme sorriso, achava graça daquela bagunça animada, mas os pedidos da multidão o confundiam.

---

(3) Desfile tradicional da cidade de Saint Louis, que, desde 1984, acontece no dia de São Patrício e se dirige às famílias. (N. do T.)

(4) *Mardi Gras* («terça-feira gorda», em francês): a terça-feira de Carnaval. Nos Estados Unidos, contudo, as festividades associadas a essa data são celebradas em dias variados conforme a localidade. (N. do T)

«Colares! Colares!», gritava a multidão.

«Polares! Polares!», respondia meu pai, e se inclinava em minha direção confidenciando-me: «Não faço ideia de quem seja esse tal Polares».

Expliquei-lhe que queriam os nossos colares coloridos, e não algum «Polares». Então papai pegou um colar de contas roxas, agitou-o em cima da cabeça como se fosse um laço e jogou-o bem nos pés de um policial.

O guarda deixou passar e perdoou a infração do meu pai. Não querendo abusar da sorte, desci do carro, que se movia lentamente, para entregar os meus colares. Assim que desci, senti-me continuamente atraída pelas pessoas nos cantos da multidão que pareciam não estar muito confortáveis: um homem com síndrome de Down sendo empurrado de lado por estranhos embriagados; uma senhora com uma bengala na mão esforçando-se para assistir à parada sentada na sua cadeira de jardim; um veterano de guerra com o cabelo desarrumado passeando pelas laterais; três menininhas vestindo blusas surradas que mal retinham algo de seu verde original; uma dupla de adolescentes de aparência sinistra em seus sobretudos tentando participar sem parecerem importar-se muito com o que acontecia. Corri até cada um deles e entreguei-lhes os colares em mãos, divertindo-me com a surpresa nos seus olhos quando me viam passar dezenas de foliões mais barulhentos ou bem vestidos para chegar a eles. Perguntei-me, quando alcançamos o final da rota da parada, por que havia feito aquilo. Era algo pequeno, certamente, mas algo que eu provavelmente não teria pensado em fazer alguns anos antes. O que havia mudado? Olhei de volta para o meu pai, um pouco desorientado ao tentar descer do carro sem cair, e subitamente me veio à mente a resposta: todos aqueles marginalizados e últimos dos últimos, sob todas as suas formas, lembravam-me do meu pai.

A minha crescente consciência do amor excepcional de Deus pelos vulneráveis e marginalizados teve mais consequências para a minha vida também. A ênfase de Teresinha nos «pequeninos» do mundo – a sua insistência em considerá-los não como fardos ou incomodidades, mas sim como canais da graça – transformou a minha visão de mundo. Foi a razão de haver-me convertido de um posicionamento vagamente pró-escolha[5] numa apaixonada defensora do pró-vida; de haver começado a interessar-me por assuntos de ética na medicina e no término da vida; e de haver iniciado a escrever em defesa de pessoas como o meu pai, indivíduos que merecem ser protegidos e amados, não importando quais sejam as suas capacidades.

Adotei Teresinha como padroeira da minha carreira como escritora, pondo discretamente uma foto dela ao lado do meu computador no trabalho e parando em frente à sua imagem em visitas diárias à paróquia do meu bairro. Ajoelhada diante da imagem da santa que eu considerara infantil demais para merecer a minha atenção, eu rezava para obter uma pequena parte da sua maturidade e força, e pedia-lhe que olhasse pelo meu pai, cuja alma possuía uma beleza que ela, acima de qualquer pessoa, poderia ajudar-me a enxergar.

---

(5) Pró-escolha (*pro-choice*, no original) é o eufemismo adotado por movimentos abortistas ao apresentarem sua posição. (N. do T.)

3
Nas mãos de Deus

Na primavera de 2001, cinco anos depois de me mudar para Saint Louis, eu me apaixonei.

Eu havia tirado uma licença de um ano do meu trabalho na redação do jornal naquele período, e trabalhava do meu apartamento na zona sul de Saint Louis num livro que seria publicado em 2002 sob o título: *Os novos fiéis: por que jovens adultos estão buscando o verdadeiro cristianismo*. O projeto era uma obra de amor, expressão do sonho de uma jovem escritora. Graças a uma bolsa de cinquenta mil dólares que eu ganhara recentemente da Fundação Phillips, de Washington, tive a liberdade de passar um ano viajando pelo país e entrevistando meus colegas de profissão sobre uma tendência então pouco percebida: a atração de um número crescente de jovens americanos por uma modalidade de fé cristã teologicamente mais ortodoxa e moralmente mais exigente. Meu interesse nessa tendência nasceu sobretudo de experiências pessoais, mas também da observação profissional, e muito me agradava a oportunidade de pesquisar em profundidade qual era a fome espiritual da minha geração. Eu também gostava muito de conhecer tantos jovens adultos fascinantes; e nenhum me fascinou tanto quanto John.

Eu soube quase imediatamente que era amor, poucas semanas depois de conhecê-lo numa conferência local para estudantes de medicina cristãos. Na época, nem eu nem ele estávamos procurando um romance. Tendo evitado a todo custo namoros após um relacionamento especialmente frustrante, naquela manhã de março entrei no salão de festas sem graça do Hotel Marriott, em Saint Louis, buscando novos entrevistados para o meu livro. John estava lá em busca de novas ideias para a integração da sua fé cristã com os seus estudos na Escola de Medicina da Universidade de Washington, já que ele recentemente voltara de um período de dez anos de ateísmo. Um dos seus colegas nos apresentou e eu convidei John para uma entrevista em grupo improvisada que eu conduzia no fundo do salão. Queria ouvir sobre as experiências desses estudantes de alto nível ao tentarem conciliar religião e ciência na faculdade de Medicina.

Os outros entrevistados respondiam às minhas perguntas com reclamações gerais sobre a parcialidade dos seus professores seculares e os males da teoria da evolução. John deu-me respostas mais expansivas e equilibradas, que me deixaram com vontade de ouvir mais. Também não era nada mal que ele tivesse olhos azuis esverdeados tão enigmáticos e brilhantes, um sorriso arrebatador e um jeito especial de me fazer rir. Portanto, quando ele aceitou o meu pedido para uma entrevista individual impondo a condição de que ela ocorresse durante o jantar num romântico restaurante italiano, agradeci alegremente. Levei o meu gravador e o meu bloco de notas, mas algumas taças de vinho e horas de conversa depois já estava claro que não estávamos numa entrevista, e sim num encontro – e um encontro maravilhoso.

Eu havia conhecido centenas de jovens brilhantes, talentosos e cheios de fé enquanto fazia pesquisa para o meu livro naquele ano, mas nenhum era como John. Ele era todas essas coisas combinadas e mais: caloroso, curioso, jovial e completamente desprovido de malícia. Era o tipo de pessoa que pensa antes de responder e não está mentindo quando diz que quer falar mais de você do que dele. Seu amor por Jesus vinha acompanhado de um entendimento profundo, de experiência própria, do que é sentir-se afastado de Deus e insatisfeito com atos de piedade superficiais.

Desde que eu e ele começamos a conversar acompanhados de um bom Chardonnay e ravióli naquela noite de primavera, parecia que nunca ia acabar. Quando eu não estava viajando em pesquisa e ele não estava em alguma maratona de estudos, passávamos todo o nosso tempo livre juntos. Não cansávamos de conversar, de aprender um com o outro ou de estar um com o outro. Quanto mais conversávamos e aprendíamos e nos encontrávamos, mais nos sentíamos chamados ao casamento.

Mas eu tinha minhas dúvidas. Nosso romance nascente quebrava várias das minhas regras acerca de amor e trabalho. A primeira era: nunca namore uma fonte; a segunda: nunca namore um homem cujas ambições de carreira possam minar as suas.

Havia-me convencido de que a primeira regra não se aplicava a John, uma vez que ele não me havia concedido uma entrevista propriamente dita. Mas a segunda aplicava-se com certeza, já que ele havia iniciado a faculdade de Medicina em Saint Louis recentemente, enquanto eu contava os meses até que conseguisse terminar o meu livro e deixar aquelas regiões interioranas para trás. Eu podia prever, observando a agenda corrida de John na universidade, que o seu tempo livre depois de formado seria escasso. Casar-me com ele significaria desistir de qualquer fantasia feminista de progredir depressa na carreira, enquanto um marido em casa cumpriria a função de «homem do lar». Significaria que os meus filhos dificilmente teriam o tipo de pai onipresente que eu tivera: um pai que pudesse sair do trabalho regularmente para ir buscá-los na escola e gabar-se de jamais ter faltado a um dos nossos jogos ou apresentações. E o que mais me preocupava como escritora emergente prestes a publicar o meu primeiro livro era que, ao casar-me com ele, teria de adequar-me à função de prestativa «esposa de médico» e perder a minha identidade própria no processo.

Como a maioria das outras moças da minha geração, eu tinha ouvido muitas histórias horríveis de feministas viciadas em trabalho e não estava disposta a sacrificar a minha vida pessoal no altar de uma rotina que consumisse todo o meu tempo. Mas ouvira ainda mais alertas sobre outro tipo de sacrifício: a entrega total do sucesso profissional que as mulheres tendem a realizar com ataques de pânico ou de paixão por conta dos seus relógios biológicos, só para terminarem dependentes de homens que não as apreciam como merecem. Havendo redigido o meu primeiro currículo na sexta série, e sempre me agarrando a ele como a um cobertorzinho de estimação, eu achava o fantasma de tal entrega aterrador. Eu acreditava no equilíbrio entre vida pessoal e trabalho, mas sempre tomara as minhas decisões na seguinte ordem: primeiro trabalho, depois vida pessoal.

A minha intimidade crescente com John ameaçava mudar isso. Eu sentia o nosso amor alterar o equilíbrio que estabelecera entre as minhas prioridades, fazendo-me sentir instável ao ponderar sobre o nosso futuro juntos. A minha ansiedade relacionada à rivalidade entre as nossas carreiras aumentou. Numa quente tarde de 4 de julho, enquanto comíamos os nossos *gyros* debaixo do Gateway Arch, o assunto veio à tona.

– Não pretendo ser apenas uma mulher do lar – declarei do nada. – Não vou ficar presa em casa, sem trabalhar e com uma penca de bebês. A minha carreira é importante para mim.

Ele assentiu, olhando para mim enquanto lutava para impedir que a alface picada caísse do seu pão sírio.

– Sei que muitas esposas de médicos fazem isso – continuei. – Elas deixam as suas carreiras de lado e se concentram no cuidado da casa e na educação dos filhos. Não vejo nada de errado nisso, mas não é para mim, nem nunca será. Pretendo continuar escrevendo, mesmo depois de ter filhos.

John assentiu de novo.

– Eu sei – disse ele entre mordidas. – Adoro isso em você.

Sua concordância me incomodava. Talvez eu não estivesse sendo clara o suficiente.

– Eu sirvo a Deus através do meu trabalho também, sabe? – eu disse enxugando a testa conforme sentia o meu rosto esquentar. – Não pretendo desistir dele só para me casar. Se você está procurando uma esposa convencional, terá de encontrar outra!

Comecei a tomar a minha água e fiquei observando a reação de John.

– E então? – perguntei-lhe entre goles. – O que você me diz?

– Acho a sua carreira de escritora maravilhosa. Se eu quisesse uma esposa que não fizesse nada além de me servir, não me teria sentido tão atraído por você.

Ele pausou com um sorriso no rosto.

– Eu quero *você* – ele disse. – Eu amo *você*.

Embora a minha oposição tivesse começado a amenizar-se, continuei insistindo, lembrando-lhe que havíamos crescido em lares com modelos diferentes de casamento. Na família de John, o seu pai médico trabalhava fora de casa enquanto a sua mãe nutricionista ficava em casa para criar os quatro filhos. Ela abraçara os seus deveres maternais e domésticos com gosto, numa casa onde as toalhas inscritas sempre combinavam, a parte de cima dos lustres que ninguém via eram tão limpas quanto o topo da pia da cozinha e a louça era recolhida e lavada minutos depois da sua última mordida de uma deliciosa torta de maçã feita em casa. Eu admirava o entusiasmo e aptidão dela por todo tipo de atividade doméstica, mas eu não partilhava de nada disso.

Talvez isso tudo tivesse algo a ver com a minha mãe,

que havia exaurido todos os seus poderes domésticos interiores antes do casamento. Como filha mais velha de doze irmãos, ela passara a infância trocando fraldas, limpando o chão e polindo sapatos, pratarias e o que mais minha avó perfeccionista achasse que precisava de polimento. Quando finalmente constituiu uma família própria, mamãe mal conseguia demonstrar interesse em qualquer atividade doméstica que fosse além do básico. Ela terminou o seu mestrado em Serviço Social enquanto eu e meu irmão estávamos no ensino fundamental, carregando os seus enormes manuais para os parquinhos para poder estudar enquanto brincávamos no trepa-trepa. Ela trabalhou fora de casa durante a maior parte da minha infância, principalmente por necessidade financeira, e dividia as tarefas de cozinhar, fazer as compras e cuidar das crianças com o meu pai.

Eu sabia que os nossos respectivos pais haviam feito escolhas que combinavam com a situação de cada um, e por isso os dois modelos de casamento eram difíceis de comparar. O que eu não sabia era qual deles eu e John seguiríamos. Ele ganharia dinheiro suficiente para que eu pudesse ficar em casa com os nossos filhos – o que eu reconhecia ser uma bênção – e a natureza flexível da minha carreira tornava bastante realista a possibilidade de eu trabalhar de casa. No entanto, mesmo uma carreira flexível requer tempo e mobilidade para florescer. Será que eu poderia me dedicar dessa forma aos meus livros casada com alguém que trabalhasse numa área tão exigente quanto a medicina? E onde iríamos morar? Saint Louis era um bom lugar por ora, mas, se eu quisesse seguir os meus sonhos no campo da política e da formação de opinião, precisaria mudar-me para a costa leste, e viver em Nova York ou Washington.

John ouviu-me descarregar as minhas preocupações, e depois as analisou. Assegurou-me de que estava aberto à possibilidade de deixar Saint Louis quando terminasse a faculdade. Sugeriu que contratássemos uma babá em meio período para ajudar-me quando os filhos nascessem, de forma que eu pudesse trabalhar de casa. Quanto à sua carreira médica, disse que escolheria uma área de especialização que pagasse menos se, com isso, tivéssemos uma maior qualidade de vida enquanto família.

– Vai dar tudo certo – John disse pegando a minha mão. – Faremos dar certo.

Uma oferta inesperada

Por um ano e meio, realmente fizemos dar certo. Terminei o meu livro no final de 2001 e voltei ao meu trabalho no *St. Louis Post-Dispatch*, feliz em continuar trabalhando no jornal até que *Os novos fiéis* saísse e eu decidisse qual deveria ser o meu próximo passo. Em maio de 2002, no auge de uma trilha maravilhosa ao pôr do sol nos Montes Ozarks, em Missouri, John pediu-me em casamento oficialmente. Marcamos a data do casamento para o verão seguinte.

Animada com a perspectiva de me casar com ele e disposta a não deixar Saint Louis até que ele pudesse ir comigo em 2005, comecei a pensar em possibilidades para um próximo passo na minha carreira que me permitisse permanecer na cidade enquanto John terminava a faculdade.

Eliminei a opção de continuar no jornal; a rotina cansativa da redação jornalística não me interessava mais, e até mesmo a minha promoção ao conselho editorial poucos anos antes me deixara insatisfeita. Nunca havia tempo ou espaço suficiente para mergulhar profundamente nos assuntos abordados; nada comparado ao espaço que eu tivera à disposição ao escrever o meu livro. A única posição que ainda me interessava em jornais era a de colunista da seção de opinião, uma seção cobiçada que me traria liberdade total na escolha dos tópicos e me permitiria escrever a partir do meu próprio ponto de vista, em vez de adotar o ponto de vista do jornal, além de potencialmente dar-me acesso a um público em escala nacional. No entanto, eu não via nenhuma oportunidade desse tipo surgindo tão cedo no *Post-Dispatch*. Desejando empreender um trabalho mais independente e intelectualmente realizador, e incapaz de encontrar em Saint Louis qualquer publicação que viesse a satisfazer-me o desejo, tive uma ideia: preparar-me para um doutorado em Filosofia na Universidade de Saint Louis.

Era uma escolha pouco convencional para uma jovem jornalista, mas me permitiria satisfazer os interesses intelectuais que eu havia negligenciado quando era uma estudante sobrecarregada e com foco somente na carreira profissional. O programa tinha duração de cinco anos. Aquele comprometimento de tempo me assustava, especialmente porque eu não planejava converter o meu doutorado numa carreira acadêmica, como faz a maioria dos doutorandos. Não sabia ainda o que faria com o meu doutorado depois que o tirasse.

Matriculei-me mesmo assim, imaginando que passar um tempo a mais em Saint Louis poderia ser-me benéfico por outros motivos – isto é, pelo meu pai e sua doença. A sua condição estava piorando, e eu sabia que logo chegaria o dia em que ele não poderia mais vir caminhar ou conversar comigo como fazíamos. Em alguns anos, ele poderia nem me reconhecer mais. Por que não ficar onde estava um pouco mais, de forma que John pudesse não somente terminar os seus estudos como também a residência médica de três anos em Saint Louis, e eu pudesse passar mais tempo com o meu pai? Embora eu não gostasse muito da ideia de postergar as minhas ambições de cidade grande, uma pós-graduação seria algo produtivo e prestigioso para eu fazer enquanto esperava. Meu status de doutoranda servia de prova, para mim e para os outros, de que eu estava fazendo o que sempre fizera quando o assunto é carreira: tomar decisões inteligentes que fossem boas para o meu currículo tanto quanto para a minha vida pessoal.

Larguei o meu emprego no jornal em junho de 2002, e passei o mês de julho na Jornada Mundial da Juventude de Toronto e num seminário de três semanas na Polônia sobre a Doutrina Social da Igreja, e então iniciei o meu doutorado em agosto. Meu livro foi para as prateleiras em setembro. Para a minha surpresa e satisfação, *Os novos fiéis* tocou um ponto nevrálgico do público. Recebi uma avalanche de pedidos de entrevista e de participação em eventos como palestrante que tornaram difícil concentrar-me em estudos filosóficos mais elevados. Uma das ofertas mais intrigantes que recebi foi a de um assistente especial do presidente George W. Bush. Ele me convidou para apresentar a minha pesquisa sobre juventude e religião a alguns funcionários da Casa Branca.

Aceitei, e John acompanhou-me até Washington nessa viagem. Após uma semana repleta de ação em outubro, passeando com ele entre discursos e tardes de autógrafos na capital, fui sozinha à Av. Pennsylvania, 1600, onde precisei passar por um estrito controle de segurança antes de poder entrar no luminoso complexo de mármore. Meu anfitrião fez um rápido *tour* pela ala oeste comigo, onde conheci o redator-chefe dos discursos de Bush e lhe entreguei uma cópia de *Os novos fiéis*.

Esse pequeno ato acabou selando o meu destino. Quando voltei para Saint Louis alguns dias depois, recebi uma ligação de um dos seus representantes dizendo que ele ficara impressionado com o meu modo de escrever sobre temas de fé e valores, e que queria que eu considerasse a possibilidade de concorrer à vaga para ser um dos seis redatores de discursos presidenciais. Se eu conseguisse o emprego, trabalharia diretamente com Bush em discursos importantes e ajudaria a moldar a sua retórica em alguns assuntos de política interna tais como iniciativas na área da religião, nomeações jurídicas, reformas na educação e aborto – justamente os tópicos em que as minhas opiniões se alinhavam mais diretamente com as do presidente.

A oferta deixou-me boquiaberta e, embora o momento não pudesse ser pior para os nossos planos de casamento, John insistiu que eu me candidatasse à vaga.

– Você tem que tentar – disse ele. – É a oportunidade da sua vida.

Eu sabia que ele estava certo. Preparei apressadamente a documentação necessária ao mesmo tempo em que estudava para as minhas provas de filosofia, e esperei semanas por uma resposta. A resposta veio numa manhã gelada de dezembro, enquanto John e eu comparecíamos à Missa diária perto da região central de Saint Louis. Eu normalmente mantinha o meu celular desligado na igreja, mas naquela noite tinha decidido deixá-lo ligado, pois me haviam dito que receberia uma ligação importante.

Senti as minhas mãos gelarem ao sair da capela aconchegante para atender o telefone. A voz metálica do outro lado da linha deu-me a notícia que eu achava que desejava ouvir: eu conseguira o emprego, e queriam que eu começasse imediatamente.

Encerrei a ligação e fiquei em pé no corredor gelado tentando processar o que acabara de acontecer. Eu estava mesmo sendo convidada a me tornar uma redatora da Casa Branca e unir-me àquela elite de escritores que escolhem as palavras ditas pelo líder do mundo livre? Como eu havia chegado a tamanha honra? E por que isso me dava tamanha vertigem?

Não era que eu não quisesse o trabalho. A perspectiva de trabalhar na Casa Branca me animava muito; eu poderia pôr a minha fé em prática nos escalões mais altos do governo e adquirir credenciais mais adequadas às minhas aspirações profissionais do que um doutorado em Filosofia. No entanto, uma mudança para a capital federal requereria que adiássemos o nosso casamento – possivelmente por dois anos ou mais, já que John ainda tinha vários anos de faculdade pela frente e eu não queria começar a nossa vida de casados morando em cidades diferentes. Tal adiamento provavelmente poria fim aos meus sonhos de menina de ver o meu pai levar-me até o altar no dia do meu casamento, para não mencionar as minhas esperanças de ajudá-lo com as suas dificuldades diárias nos últimos estágios da doença.

Olhei por um vitral alaranjado para o interior da capela de que acabara de sair. Ao ver a silhueta de John ajoelhada lá dentro, lembrei-me da primeira vez que o vi rezar, sentada ao seu lado na igreja numa radiante manhã de Páscoa, pouco depois de nos conhecermos. Embora o pároco houvesse convocado uma oração, muitos da assembleia, assim como eu, estavam olhando distraidamente para o santuário em torno. Mas não John. Com as mãos entre os joelhos e de cabeça baixa, ele apertava as pálpebras e inclinava os ombros largos para frente tentando esquivar-se de todas as distrações. Algo da sua postura naquele momento impressionou-me pela força e humildade, e pela absoluta sinceridade. Eu havia visto o meu pai assumir aquela mesma posição dezenas de vezes, quando ele não sabia que a sua filhinha estava olhando. «Este é um bom homem», pensei, um pouco chocada com essa revelação. «É o tipo de homem que eu sempre quis».

Foi então que eu soube que encontrara alguém especial, alguém que eu não queria perder. E agora, lá estava eu preparando-me para uma mudança para o outro lado do país que me levaria a residir numa cidade famosa pela sua tendência a transformar os seus cidadãos em pessoas que trocam a felicidade pessoal pelo sucesso profissional. Não fazia ideia de quando retornaria, ou de quando John e eu conseguiríamos nos casar. Respirando profundamente, empurrei a porta da capela e ajeitei-me ao lado de John para cochichar no seu ouvido a notícia que de repente me parecia mais triste do que feliz.

Pela primeira vez na vida, lamentei o meu sucesso.

Um guia improvável

Se naquela noite eu tivesse decidido procurar um santo que me ajudasse a conciliar o meu desejo por uma carreira de prestígio com a minha vontade de casar, Maria Faustina Kowalska não teria sido a minha primeira escolha. Nem a segunda. Essa freira aparentemente sem graça e que mal aprendera a ler nunca passara por nada disso. À primeira vista, as dificuldades que ela teve de enfrentar no seu convento polonês no período entreguerras nada tinham que ver com as minhas.

Nascida numa família pobre em 1905, Faustina – cujo nome de nascença era Helena – passou a maior parte dos seus trinta e três anos realizando tarefas domésticas. Quando criança, trabalhou na propriedade rural da sua numerosa família católica; durante a adolescência, trabalhou como empregada doméstica para ajudar a sustentar a família; no convento, ela lavava a louça, descascava batatas, arrancava ervas daninhas, esfregava privadas e atendia a porta. Sua obra literária limitava-se a um diário composto sobretudo por palavras que lhe eram ditadas. Diferente de Teresa de Ávila ou Teresa de Lisieux, a história da sua vida não inclui contos de uma juventude mundana ou de uma infância de mimos. Ela foi piedosa praticamente desde o nascimento. O mais perto que ela chegou de rejeitar a Deus foi a sua decisão de ir a um baile quando adolescente. Faustina entregou-se brevemente à frivolidade do momento e acabou tendo uma visão de Cristo crucificado ao seu lado na pista de dança, perguntando-lhe quanto tempo mais ela continuaria ignorando o seu chamado para o convento. Ela fez as malas naquela mesma noite.

Mesmo com toda a sua devoção, não foi fácil o caminho da santidade. Pobre, de saúde frágil e dotada de uma educação que ia somente até a terceira série, a aspirante a freira não era uma candidata particularmente promissora para as ordens religiosas, e foi rejeitada repetidamente de convento em convento. Por fim, ela foi acolhida na Congregação das Irmãs de Nossa Senhora da Misericórdia um pouco antes do seu vigésimo aniversário, em 1925. A ordem mostrou-se mais ativa e menos estrita do que Faustina esperava, e no seu primeiro ano como irmã ela passou por uma intensa desolação que os seus biógrafos descreveram como uma noite escura da alma.

Irmã Maria Faustina do Santíssimo Sacramento, como ficou conhecida no convento, apegou-se à fé durante aquele período sombrio. Três anos depois de acabado esse período, ela teve uma visão de Jesus diante dela. A mão direita dEle estava erguida em sinal de bênção, e a esquerda abria o manto que revelava raios luminosos vermelhos e brancos brotando do seu peito – simbolizando o sangue e a água que foram derramados do seu coração quando o feriram com a lança na cruz. De acordo com o diário de Faustina, Jesus pediu-lhe que pintasse aquela imagem com a seguinte inscrição embaixo: «Jesus, eu confio em Vós».

Temendo ser enganada por uma experiência que poderia não ter vindo de Deus, Faustina confidenciou a sua incrível visão à sua superiora e ao seu diretor espiritual. Eles ordenaram que ela colaborasse com um artista para que pintassem a imagem. Ela então começou a registrar num diário as muitas experiências místicas que teve nos sete anos seguintes, até a sua morte por tuberculose em

1938. Durante uma daquelas experiências, ela ouviu uma voz interior direcionando-a a rezar uma nova oração com as contas do seu rosário, uma ladainha explicitamente eucarística, centrada na Paixão de Cristo, que viria a ser conhecida como o Terço da Divina Misericórdia. Juntamente com a imagem de Cristo Misericordioso e o diário de Faustina em seis volumes, o terço constituiu as bases da devoção da Divina Misericórdia que é hoje uma das devoções mais populares da Igreja Católica.

A mensagem dessa devoção é simples: o mundo moderno, com a sua desumanidade e descrença, necessita da misericórdia de Deus como nunca antes. Não podemos ter acesso a esse oceano sem fundo do amor divino se não pedirmos. Jesus deseja desesperadamente que o peçamos e que confiemos que receberemos. «As graças da minha misericórdia são recebidas por meio de um só instrumento, que se chama confiança», Jesus revelou a Faustina, conforme lemos no seu diário. «Quanto mais uma alma confia, mais receberá».

Entre os primeiros a descobrir e apreciar essa mensagem e a simples freira que a transmitira, estava um jovem seminarista polonês chamado Karol Wojtyla. O futuro Papa João Paulo II descobriu os escritos de Faustina enquanto vivia na Polónia ocupada pelos nazistas na Segunda Guerra Mundial. Convencido da importância daquela mensagem num mundo enlouquecido pela guerra, ele fez sua a causa de Faustina, promovendo a devoção da Divina Misericórdia conforme ascendia por todos os níveis da hierarquia da Igreja. A frase bíblica que ele repetiu ao longo de todo o seu pontificado – «Não temais!» – refletia o seu desejo de espalhar a confiança na

Providência Divina que Faustina tivera. Os escritos dela influenciaram profundamente a sua encíclica de 1980, *Dives in Misericordia*, e João Paulo II canonizou Faustina no domingo depois da Páscoa de 2000, declarando que aquela seria a data de uma nova festa da Igreja dedicada à misericórdia de Deus. No seu último livro, *Memória e identidade*[1], João Paulo II descreve Faustina como «uma intérprete especialmente iluminada da verdade da Divina Misericórdia». Ela «era uma pessoa simples e sem educação formal», escreve ele, «e mesmo assim quem lê o Diário das suas revelações fica chocado com a profundidade da sua experiência mística».

Os frutos de Faustina

Eu estava entre aqueles que se impressionavam com a profundidade de Faustina, embora tivesse levado algum tempo para aprender a apreciá-la. Primeiro tive de superar a minha aversão natural aos elementos fantásticos da sua história de vida – os relatos das suas visões, chamados e outros fenômenos sobrenaturais.

Não é que eu considerasse essas coisas impossíveis. A minha fé católica ensinava-me que Jesus transformou água em vinho, ressuscitou dos mortos e está verdadeiramente presente – com seu corpo, sangue, alma e divindade – no que aparenta ser nada mais que uma pequena hóstia. É óbvio que, se desejasse aparecer para um dos

---

(1) A única edição brasileira: João Paulo II, *Memória e identidade*, Objetiva, São Paulo, 2005. (N. do T.)

seus seguidores para transmitir uma mensagem sobre a misericórdia de Deus, Ele teria o poder de fazê-lo.

Ainda assim, histórias como as que se ligavam à figura de Faustina sempre me deixavam um pouco desconfortáveis. Elas me pareciam muito exageradas e até constrangedoras, e eu gostava que a Igreja não obrigasse todos os católicos a acreditarem em tais revelações particulares. Até mesmo as revelações aprovadas como as de Faustina – de cuja autenticidade as autoridades da Igreja duvidaram a princípio mas depois aceitaram – são questão de julgamento individual. Elas existem, como diz o Catecismo da Igreja Católica, não «para melhorar ou completar a revelação definitiva de Cristo, mas sim para ajudar-nos a vivê-la mais plenamente num determinado período histórico». Em outras palavras, Jesus é a última palavra de Deus no que diz respeito à Revelação; o resto é acessório.

Como nunca fui muito fã do acessório, prestei pouca atenção ao diário maçante de Faustina quando a minha mãe me presenteou com uma cópia logo após a minha formatura. Cinco anos depois, enquanto viajava promovendo *Os novos fiéis*, pouco depois da canonização de Faustina, percebi que a imagem da Divina Misericórdia aparecia com frequência nas igrejas que visitava. A recomendação que João Paulo II fazia de Faustina e da devoção dela provocou o meu interesse; peguei então o meu rosário e memorizei a oração do Terço da Divina Misericórdia. O terço – uma forma de oração católica que faz uso de contas – levava menos tempo para recitar do que o rosário completo. Agradava-me o seu tom explicitamente eucarístico, e ao murmurar as últimas frases, uma onda de paz me envolveu. Algo daquele terço parecia-me especial, e especialmente poderoso.

Essa experiência levou-me a abrir o diário de Faustina. Ao ler as palavras dela e as que Jesus lhe ditara, não pude ignorar o impacto que tiveram no meu coração. Mais impressionante para mim do que as visões e chamados dela era a sua confiança em Deus. Faustina confiava de modo silencioso, com determinação, totalmente. Ela confiava em meio ao sofrimento físico intenso suportado em silêncio, em meio à zombaria e ao desprezo das colegas de convento, em meio à humilhação de ouvir algumas das pessoas a quem confidenciara as suas experiências místicas descartá-las como invenções ou provas de distúrbios mentais. Ela parecia encarnar um provérbio bíblico que eu sempre amei: «Confie no Senhor de todo coração, e não se apoie no seu próprio entendimento» (Prov 3, 5). A elevação de Faustina aos altares veio tempos mais tarde; durante a sua vida, ela apoiou-se somente em Deus.

«Esconderei dos olhos das pessoas qualquer bem que eu possa fazer, para que o próprio Deus possa ser a minha recompensa», escreve Faustina no seu diário, referindo-se ao seu ministério de realizar sacrifícios secretos pelo bem dos pecadores – incluindo esconder os seus dons místicos daqueles que a consideravam ignorante e inútil. Faustina confiava na Providência de Deus, e não no respeito mundano, para assegurar o seu futuro e o futuro da devoção à Divina Misericórdia. Como ela explica: «Não entendo como é possível deixar de confiar nAquele que tudo pode. Com Ele, tudo; sem Ele, nada. Ele é o Senhor. Ele não permitirá que aqueles que puseram toda a sua confiança nEle sejam envergonhados».

Vi os frutos da confiança de Faustina pessoalmente quando viajei para a Polônia em 2002. Caminhando pelas sinuosas ruas de paralelepípedos e pelas igrejas escuras e frias do centro velho de Cracóvia, defrontava-me com a imagem da Divina Misericórdia de Jesus a cada esquina. Eu via cópias da imagem coladas em retrovisores de carros, empilhados nos cantos de lojas e restaurantes, e representadas em capelas eucarísticas aonde poloneses de todas as idades e classes sociais vinham rezar. Vi a imagem pendurada no altar da Basílica da Divina Misericórdia, um santuário com capacidade para cinco mil pessoas, construído no entorno de Cracóvia, perto do convento de Faustina. Dois milhões de peregrinos de todo o mundo se encontram lá todos os anos para professar a sua confiança em Deus e celebrar a sua misericórdia. Vê-los todos ali comoveu-me e, ao colocar-me abaixo da janela da cela de Faustina, fiquei maravilhada com o fato de que tal movimento internacional de celebração da misericórdia de Deus começou com uma mulher dizendo «Jesus, eu confio em Vós» – e com sinceridade.

A confiança nunca fora o meu ponto forte; nem na minha vida espiritual, nem em nenhuma outra parte da vida. Ansiosa de nascença como eu era e nunca desprovida de alguma preocupação, sempre gostei de professar confiança em Deus, porém mantendo um plano B à disposição, caso Deus me deixasse na mão. O mesmo valia para os meus relacionamentos com os outros. Eu protegia os meus interesses e a mim mesma, dava generosamente mas somente até certo ponto, e sempre ficava de olho nas possíveis saídas. Se mais de dez mudanças interestaduais e namoros falhados me haviam ensinado alguma coisa sobre relacionamentos humanos, essa lição era a de como cair fora.

A minha autoconfiança e distanciamento emocional calculado haviam-me servido bem por toda a minha infância andarilha e nos meus anos indiferentes de faculdade. Essas habilidades, no entanto, mostravam-se bem menos úteis em face do conflito entre vida pessoal e carreira profissional que se desenrolava na noite em que consegui aquele emprego na Casa Branca. Embora na época eu não soubesse, Faustina e a sua devoção da Divina Misericórdia eram exatamente aquilo de que eu precisava para guiar-me em meio àquele dilema. Sua espiritualidade da confiança viria a tornar-se fonte tanto de inspiração como de censura para mim nos dias desafiadores que se seguiriam.

A vida na Casa Branca

Iniciei a minha mudança para Washington no dia 1º de janeiro de 2003, no meio de uma nevasca de Ano Novo. John dedicou os últimos dias das suas férias de inverno a carregar as minhas coisas num reboque, engatar na traseira do meu carro, que já contava com oito anos de uso, e levar-me, numa viagem de catorze horas, até a capital. Com a ajuda de alguns amigos que eu conhecia em Washington, ele instalou-me num pequeno apartamento antigo e frio perto da Avenida Connecticut. Na manhã seguinte, dei-lhe uma carona até o aeroporto para que pudesse pegar o voo de volta para Saint Louis e começar o segundo semestre do ano letivo.

Nosso adeus foi tenso e apressado. Exaustos da mudança e estressados pela nossa separação iminente, discutíamos sem motivo enquanto dirigíamos rapidamente pelo tráfego do centro da cidade e atravessávamos o rio Potomac. Quando peguei a saída do Complexo Viário George Washington em direção ao Aeroporto Nacional Ronald Reagan, estávamos presos num silêncio petrificante. Esperei até John sumir atrás das portas automáticas e acelerei, ansiosa por distanciar-me o quanto pudesse antes que as minhas lágrimas começassem a rolar. Chorei o caminho inteiro de volta para a minha casa nova.

Minha primeira semana na Casa Branca foi pura desolação. Disseram-me que eu tinha de começar o quanto antes porque o discurso do Estado da União[2] faz janeiro ser um mês especialmente corrido para o escritório de redação de discursos. Depois de quebrar a cabeça para chegar lá, passei o meu primeiro dia sozinha num escritório sem janelas no edifício do Escritório Executivo de Eisenhower preenchendo a papelada da verificação de antecedentes do FBI, e esperando que o meu novo chefe passasse por lá para me cumprimentar. Passei os próximos quatro dias do mesmo jeito. Ninguém me apresentou aos colegas na primeira reunião do pessoal e, quando perguntei qual seria o meu primeiro projeto, disseram-me que deveria esperar até receber uma tarefa. Ela surgiu no final daquela semana. Na segunda-feira seguinte, estava editando linhas do meu primeiro discurso ao lado do presidente Bush.

Eu não imaginava que trabalharia com ele já naquele dia. Sabia que Bush costumava acordar cedo, mas ninguém me dissera que ele esperava que os seus redatores

---

(2) Discurso anual que o presidente dos Estados Unidos faz para prestar contas da sua administração e apresentar as linhas de ação que adotará no ano em questão. (N. do T.)

chegassem antes do nascer do sol com sugestões para que ele aprovasse. Senti um calafrio na espinha quando cheguei ao meu escritório às oito da manhã e li «POTUS»[3] escrito na lista de ligações da minha secretária eletrônica. Eu havia perdido duas ligações presidenciais, e ele ainda queria ver-me para discutirmos o discurso que eu escrevera para ele sobre o tópico da reforma educacional.

Cheguei ao Salão Oval minutos depois, esbaforida e vestindo o meu *blazer* mais barato – uma peça desengonçada e verde-ervilha que eu comprara numa loja de departamentos por treze dólares – e uma calça marrom sem graça que ficava folgada na cintura, com o meu cabelo ainda úmido jogado na frente dos olhos inchados. Eu passara a maior parte da noite anterior acordada na cama, pensando se a mudança havia sido um erro. Agora, privada de uma boa noite de sono e ainda ofegante por haver corrido toda a Ala Oeste, eu lembrava a mim mesma da grande honra que era trabalhar para um presidente, ainda que ele me demitisse já na minha segunda semana.

«É esta a menina da educação?», Bush gritou para a sua secretária quando apareci à porta.

O presidente estava sentado atrás da mesa com os seus óculos de leitura apoiados no nariz e as páginas do meu discurso espalhadas à sua frente. Depois de a secretária lhe confirmar que era eu mesma, ele me olhou de alto a baixo do seu assento no lado oposto da majestosa sala.

«Conheci a sua mãe em Saint Louis», ele me disse quase gritando.

---

(3) Sigla para *President of the United States*, Presidente dos Estados Unidos. (N. do T.)

Minha mãe me contou que o havia conhecido num evento recentemente, mas eu não esperava que ele lembrasse. Aquilo parecia ser um bom sinal. Talvez não fosse ser demitida afinal de contas...

«Sente-se», disse Bush apontando para uma cadeira à sua direita que ficava de frente para a mesa.

Sentei-me ao seu lado como uma aluna lerda e confusa que é chamada para a frente da sala para o professor ficar de olho nela. Meu chefe sentou-se à esquerda do presidente, e parecia quase tão cansado e agitado quanto eu. Bush começou a levar-nos num passeio forçado pela minha prosa. Editando de caneta na mão, ele procedia parágrafo por parágrafo, explicando o que lhe agradava e o que não lhe parecia bom. «Este trecho é ousado, claro e repleto de verbos ativos: muito bom. Este outro parágrafo é redundante; por que repetir às pessoas o mesmo que já dissemos no começo do discurso?»

Enquanto o presidente falava, um fotógrafo da Casa Branca ia de um lado para o outro na sala tirando fotos espontâneas de nós. Eu tentava concentrar-me no que Bush dizia enquanto absorvia toda a história que estava ao meu redor: a famosa Mesa do Resolute[4], em cujo vão para as pernas o pequeno John brincava enquanto John Kennedy, seu pai, trabalhava; os retratos veneráveis de Abraham Lincoln e George Washington que eu vira nos meus livros de história na época da escola; o medalhão no teto de gesso com o selo presidencial que se reflete no tapete oval, tornando a sala incrivelmente clara.

---

(4) Mesa utilizada pelo presidente dos Estados Unidos, disposta no Salão Oval da Casa Branca. (N. do T.)

Quando chegamos ao final do rascunho, fiquei aliviada ao ver que Bush parecia bastante satisfeito com o meu trabalho. A maioria das suas reclamações dizia respeito ao jargão adicionado à minha composição por burocratas durante o processo de revisão técnica da Casa Branca, um exercício editorial tedioso, realizado por um comitê que redatores de discursos presidenciais tradicionalmente detestam.

Trabalhar com o presidente foi uma experiência marcante não apenas naquela primeira vez, mas todas as vezes que se seguiram. Reuniões no Salão Oval ou na Sala Roosevelt eram particularmente memoráveis, e conforme Bush passava a me conhecer melhor, abria-se para mim cada vez mais, fazendo questão de me dizer quando o meu último discurso lhe havia agradado mais especialmente.

«Colleen», ele me dizia com seu sotaque sulista, sorrindo para mim ao ver o meu rosto ficar vermelho ao longo de toda a conversa, «bom trabalho hoje».

O presidente às vezes tinha pouca paciência com os membros da equipe, mas costumava tratar-me mais brandamente e com bom humor. Talvez ele percebesse que eu era uma pequena escritora em ambiente estranho, e não uma política sagaz, mais interessada em fazer um bom trabalho nas tarefas que me passavam do que em colecionar fofocas para um livro sensacionalista. Da minha parte, eu via Bush como um homem íntegro, falível ainda que sincero em sua fé e desejo de fazer o bem ao povo americano.

Mesmo com toda a empolgação de escrever para o presidente, meus dias de trabalho eram quase sempre pesados. Tudo era uma luta: extrair detalhes de políticas e planejamentos de que eu precisava para escrever um bom rascunho de discurso; cobrar os diversos secretários de gabinetes e suas respectivas equipes para me darem retorno a tempo; esquivar-me de brigas internas que facções rivais dentro da Casa Branca tentavam resolver nas páginas dos discursos presidenciais; bloquear com sucesso modificações inúteis sem enfurecer os comissionados poderosos e pretensos escritores que as propunham. Perdi a mesma quantidade de batalhas que venci, e via-me obrigada com frequência a tentar vender para o presidente ou para a sua secretária discursos contendo trechos que eu sabia que Bush detestaria – e que eu também detestava.

Esse processo deixou-me estressada e exausta; e também não me ajudava o fato de ser eu a única escritora da equipe presidencial. Enquanto outros departamentos da Casa Branca apresentavam maior igualdade na proporção dos sexos, o dos escritores ainda era uma espécie de clube masculino nos moldes antigos. Senti fortemente a diferença entre o meu antigo emprego numa redação de jornal cheia de escritoras e editoras ousadas, e o meu novo escritório, em que as únicas outras mulheres só desempenhavam papéis auxiliares, como pesquisadoras ou secretárias. Percebi rapidamente que uma mulher naquele ambiente de trabalho só deveria falar quando alguém estivesse falando com ela – mesmo que esse alguém estivesse gritando –, e assisti com incredulidade estagiários homens que mal haviam saído do colégio sendo tratados com maior deferência do que funcionárias mulheres de tempo integral, eu mesma inclusive. Aprendi a engolir em seco antes de entrar no escritório, fortalecendo-me para aguentar as piadinhas bobas e as expressões exageradas que faziam com que eu me sentisse uma garotinha chata invadindo a casa de árvore dos garotos. Nunca me deparara com tamanho machismo no serviço antes, e não fazia ideia de como responder àquilo de outra forma que não fosse baixando a cabeça, tentando levar a situação até o fim do dia e ligando para John à noite para desabafar.

À espera de um sinal

Embora eu esperasse ansiosamente o dia inteiro pelas minhas conversas noturnas com John, normalmente elas eram tensas. Ele estava sempre exausto demais, depois de horas de trabalho difícil no hospital, para conseguir conversar por muito tempo. Sentia-me frustrada pela distância entre nós e pela sua falta de respostas às perguntas que eu repetia a cada noite: será que deveríamos adiar o casamento? Ele viria para a capital? Ou eu devia voltar para casa? A habilidade dele de isolar tais questões e concentrar-se no trabalho durante a semana me irritava, porque eu tentava fazer o mesmo mas não conseguia. Meu coração estava em Saint Louis; meu desejo era casar-me; e eu me sentia cansada de viver como a mulher solteira que já não acreditava ser.

Nós nos alternávamos nas visitas mensais um ao outro e tentávamos condensar quatro semanas de intimidade em quarenta e oito horas. O resultado era mais tensão, exacerbada pelo fato de que ambos havíamos voltado a cultivar certas manias teimosas de solteiros que já superáramos durante o namoro. Depois de tirar o meu carro da neve sozinha nos dias de nevasca, brigar com um zelador irritadiço para requisitar consertos emergenciais para o meu apartamento, e discutir cara a cara com políticos insistentes que tentavam testar a resolução da redatora novata, ficava irritada com o hábito de John de tomar o controle das coisas quando chegava: era ele quem dirigia, escolhia o restaurante e afastava a conversa de temas de trabalho quando eu ainda sentia que tinha horas de desabafo para fazer. Da sua parte, John se irritava com o meu jeito mandão e a minha tendência a ruminar o problema da nossa separação, em vez de aproveitar o pouco tempo que tínhamos juntos.

Planejávamos a nossa reunião o tempo todo, logicamente. Nosso plano inicial era de que John se transferisse para uma faculdade próxima de mim. Logo descobrimos que nenhuma faculdade na região estava aceitando transferência, a não ser uma de reputação inferior localizada a mais de uma hora de distância de Washington. Se John se transferisse para lá, ele provavelmente perderia créditos e se formaria bem mais tarde com um diploma que valeria muito menos do que o da Universidade de Washington, considerada, no ano em que ele foi aprovado, a escola de medicina mais seleta do país. Uma transferência de faculdade também poderia diminuir as suas chances de entrar no programa de residência médica que desejava, o que por sua vez viria a frustrar os seus esforços em direção a um emprego que combinasse horários de trabalho flexíveis com um salário capaz de sustentar uma família.

John não recusou a transferência, mas, na medida em que o prazo para inscrição chegava perto do fim, ele mostrava cada vez menos interesse em proceder com o plano. Relutantemente, admiti para ele e para mim mesma que ele deveria desistir da ideia. Isso nos deixava somente uma opção, se quiséssemos casar-nos antes da formatura de

John, dentro dos próximos dois anos: eu teria de deixar a Casa Branca.

Aquele prospecto me animava e amedrontava ao mesmo tempo. Agradava-me demais a ideia de voltar para casa para nos casarmos, constituirmos uma família e iniciarmos uma vida juntos. Eu também gostava do fato de que poderia ver os meus pais com mais frequência novamente. Quando morava a poucos quilômetros deles em Saint Louis, a deterioração contínua da condição do meu pai era mais fácil de tolerar. Agora, a cada visita que lhes fazia, assustava-me e ficava entristecida com o quanto eu havia perdido desde a última vez que o vira. Não conseguia afastar a sensação de que, não obstante a importância do meu trabalho em Washington, estava perdendo algo mais importante em casa: a minha última chance de aproveitar bons momentos com o meu pai, que eu via se desligar rapidamente.

Apesar desses sentimentos, eu não sabia como explicaria uma decisão dessas para os meus colegas e amigos – ou até para mim mesma. «Vou deixar a Casa Branca para me casar». A mera menção de tais palavras me incomodava e fazia com que eu me sentisse uma daquelas pobres garotas nas cenas de abertura de filmes de drama piegas. Sair da Casa Branca, mesmo que eu quisesse de fato ir embora, poderia dar um tom de submissão para o resto dos meus dias como esposa. Eu nunca me considerara uma feminista muito extrema, mas respeitava o primeiro mandamento do feminismo moderno no tocante a relacionamentos: nunca sacrifique por um homem mais do que ele sacrifica por você.

Mas eu também tinha preocupações de ordem prática. Com o que eu trabalharia se voltasse para Saint Louis?

John ainda demoraria dois anos para começar a receber algum salário, e eu não podia suportar a possibilidade de voltar para o meu antigo emprego no jornal, ou para o meu programa de pós-graduação interrompido. Ambos me pareciam retrocessos deprimentes depois da minha gloriosa partida para Washington. Redação de discursos acabou não se revelando o meu emprego dos sonhos, mas a busca por opções de carreira que me inspirassem – como escritora e palestrante *freelance*, membro de um grupo de pesquisa do governo, colunista de jornal, ou comandante do meu próprio *talk show* – com certeza não seria possível na região central dos Estados Unidos, se eu quisesse ganhar dinheiro suficiente para que eu e John pudéssemos sobreviver. Mesmo que houvesse uma maneira de ganhar bem trabalhando em Saint Louis, descobrir essa maneira levaria tempo. Sentia-me sobrecarregada pensando numa forma de procurar um novo emprego enquanto ainda trabalhava na Casa Branca, e temia infringir uma política administrativa que proibia a busca de emprego enquanto se trabalhava para o presidente. Também tinha medo de sair de lá tão pouco tempo depois de ter entrado. Será que uma permanência tão curta não imprimiria uma mancha negra num currículo até então ilibado?

Eu sabia que John queria se casar logo, como eu também queria. Mas toda vez que eu falava do sacrifício que estaria fazendo por ele deixando a Casa Branca, ele me respondia secamente que eu não precisava fazer aquilo. Podíamos esperar para casar depois que ele se formasse e passasse a ter um salário; ele então poderia escolher um programa de residência na capital e eu poderia continuar na minha posição pelo tempo que quisesse.

A recusa de John em concordar comigo sobre a possibilidade de voltar para Saint Louis fazia-me sentir ainda mais sozinha numa decisão que eu não queria tomar. Comecei a ruminar a injustiça de tudo aquilo e a simpatizar pela primeira vez com aquelas discussões tensas sobre os dilemas de trabalho e vida pessoal das mulheres que antes soavam para mim como pura besteira feminista. Por que nós mulheres sempre tínhamos de nos preocupar tanto com os nossos relógios biológicos e obrigações familiares? Para que tantas oportunidades profissionais disponíveis às mulheres se ainda somos aquelas que têm de fazer os mais duros sacrifícios por amor e pela família?

Eu queria culpar o patriarcado pelo meu dilema pessoal, culpar o meu trabalho, culpar John. Mas no fundo eu sabia que havia algo mais me atraindo para casa. Era a força dos meus próprios desejos, desejos que brotavam de uma parte suave, apaixonada e feminina de mim mesma, que eu achava ter soterrado com os meus currículos e certificados muitos anos antes. Décadas de perfeccionismo e conquistas compulsivas não tinham conseguido matar aquela menina. Agora ela me desafiava a rejeitar a escolha racional e tentar a minha sorte no amor.

Com medo de dar ouvidos àquela voz e cansada de tentar pensar numa maneira de sair daquela enrascada, recorri à oração. Uma oração em particular era a minha fortaleza: o Terço da Divina Misericórdia. Breve e repetitivo, ele era perfeito para aquelas manhãs escuras em que eu chegava à Casa Branca antes do nascer do sol, ansiosa com o meu dilema e pensando nas tempestades que teria de enfrentar naquele dia. Caminhava pelos majestosos corredores ainda vazios do edifício Eisenhower, e o som dos meus saltos no chão ecoavam pelos tetos ornados enquanto me apressava até a sala. Ao entrar, fechava a porta e checava a secretária eletrônica para ter certeza de que não perdera nenhuma convocação ao Salão Oval; acomodava-me num sofá que parecia tão velho quanto o próprio George Washington e fazia o sinal da cruz. Folheava a minha Bíblia de bolso e meditava os salmos – os que mais chamavam a minha atenção eram aqueles que tratam de esperar no Senhor –, depois pegava o meu rosário e pronunciava em voz baixa as seguintes palavras, enquanto movia os meus dedos pelas contas:

> Ao final de cada mistério: «Eterno Pai, eu vos ofereço o Corpo, o Sangue, a Alma e a Divindade do vosso diletíssimo Filho, Nosso Senhor Jesus Cristo, em reparação pelos nossos pecados e pelos do mundo inteiro».
> E depois de cada Ave-Maria: «Pela sua dolorosa Paixão, tende misericórdia de nós e do mundo inteiro».

O ritmo do terço, centrado na cruz de Cristo, aquietava a minha cabeça cheia de ruídos e permitia-me imergir na quietude de Deus. Era possível sentir as minhas preocupações afastando-se para um plano de fundo conforme eu avançava nas contas do terço. Sempre terminava dizendo: «Jesus, eu confio em Vós». Essa frase me confortava, não porque fosse totalmente verdadeira, mas porque dizê-la fazia com que parecesse mais verdadeira.

Durante toda aquela primavera, enquanto ponderava os prós e os contras de sair do meu emprego na Casa Branca, persisti nessa rotina matinal. Eu vasculhava a Escritura em busca de respostas, e sentia-me confortada ao ler, em tantas passagens sobre a Providência Divina, que

Deus nos concede os nossos mais profundos desejos. Versículos como os do Salmo 37 elevavam o meu espírito:

> Espera no Senhor e faze o bem;
> habitarás a terra em plena segurança.
> Põe tuas delícias no Senhor,
> e os desejos do teu coração ele atenderá.
> Confia ao Senhor a tua sorte,
> espera nele, e ele agirá.
> Como a luz, fará brilhar a tua justiça;
> e como o sol do meio-dia, o teu direito.
> Em silêncio, abandona-te ao Senhor,
> põe tua esperança nele.

Sempre que meditava esses versos ou dizia: «Jesus, eu confio em Vós», no final do meu terço, implorava a Deus em silêncio, com lágrimas, e às vezes até enfurecida, que me indicasse qual era o desejo do meu coração. Pedi-lhe que me mostrasse uma forma de todos saírem ganhando e de me livrar do meu dilema. Se não houvesse escapatória dessa escolha difícil e o meu desejo de voltar para casa viesse de Deus, o mínimo que ele poderia fazer era enviar-me um sinal bem claro de que eu devia agir de acordo com tal desejo: como uma oferta de trabalho surpreendente e inesperada em Saint Louis que justificasse a minha partida, ou um problema insuperável em Washington que impossibilitasse a minha permanência.

Nenhum dos dois ocorreu. O *status quo* prevaleceu, tanto no trabalho como no meu relacionamento com John, e o sinal óbvio que exigi não se materializou. Toda manhã eu sentia uma forte presença de Deus na minha vida e no meu coração, mas pouca clareza acerca do que deveria fazer. Era como se Deus – assim como John – se recusasse a compelir-me em direção a uma escolha, para que eu não pudesse depois ter raiva dele por ter me forçado.

Olhando para todos os lados em busca de orientação e desanimada pela minha indecisão, eu era cada vez mais atraída pela mensagem de confiança cega em Deus de Faustina Kowalska. Eu compreendia a solidão, o abandono e a incerteza do futuro que ecoavam nas páginas dos seus escritos, e sentia necessidade de transformar aqueles sentimentos numa dependência de Deus de todo o coração, como ela havia feito. Ao refletir sobre a sua vida e obra, comecei a perceber uma conexão que não havia visto antes: a ligação entre confiança e humildade. É preciso humildade para concordar em seguir a Deus ainda quando Ele se recusa a colocar holofotes na sua trilha, ou a dizer onde ela vai dar. A confiança de Faustina estava enraizada naquele tipo de humildade, uma virtude incomum no ambiente cosmopolita que eu habitava. Sua recusa a exigir respostas de Deus ou a defender a si mesma contra falsos acusadores vai além de tudo o que o mundo – e particularmente Washington – ensina sobre como nos tornarmos bem-sucedidos e seguros. Não é que Faustina não se importasse com o seu futuro ou a sua reputação. Ela só achava mais importante imitar a Jesus em todas as coisas, inclusive na humilhação que Ele sofreu sem reclamar. Como diz ela:

> A humilhação é o meu alimento diário. Compreendo que a noiva tem de tomar parte em tudo o que é do seu noivo; portanto, o seu manto de escárnio deve cobrir-me também. Nos momentos em que sofro muito, tento permanecer calada, pois não confio na minha

língua, que, precisamente nessas horas, tende a se defender, quando o seu dever é ajudar-me a louvar a Deus por todas as bênçãos e dons com que me presenteou.

Eu sempre me considerei uma pessoa do contra, que pouco se importa com a opinião dos outros. Trechos de leitura como esses lembravam-me de que eu abrigava a mesma obsessão com os respeitos humanos que tanto detestava nos outros. Em nenhum lugar isso era tão evidente quanto no meu trabalho. Eu defendia as minhas conquistas profissionais como se fossem o centro da minha identidade, e a minha confiança em Jesus raramente se fazia notar nesse âmbito. Deixar o meu emprego de prestígio e voltar para casa para me casar seria expor-me a uma potencial humilhação: as pessoas poderiam ver a minha decisão como retrógrada e tola, ou como prova do meu fracasso nos escalões mais altos. Encarar essa ameaça requereria confiança e humildade – virtudes que eu sabia não possuir por natureza.

Uma mudança sutil

Havendo a garoa interminável do início da primavera dado lugar a dias mais quentes e floridos, comecei enfim a me adaptar ao ritmo da Casa Branca. As longas horas e a natureza conflituosa do trabalho ainda pesavam, mas eu estava aprendendo a pilotar o sistema e a divertir-me mais no processo.

Dias de trabalho típicos muitas vezes traziam consigo experiências únicas, como andar na comitiva presidencial para ouvir o presidente dar discursos importantes que eu escrevera; saudá-lo quando o seu helicóptero pousava no

Gramado Sul, ou quando gritava o meu nome ao marchar para uma coletiva de imprensa no Salão Leste; assistir aos canais de notícias da TV a cabo e ouvir trechos dos meus discursos, com comentaristas políticos pronunciando solenemente – e, quase sempre, erradamente – as razões por que Bush dissera esta ou aquela «palavra-chave». Adorava assistir a eventos no Rose Garden[5], quando pessoas comuns, cujas histórias eu tecera dentro dos meus discursos, derramavam lágrimas ao ouvir o presidente dizer os seus nomes e reconhecer as suas lutas. Sentia-me importante quando recebia ligações da Secretária de Estado Condoleezza Rice nas manhãs de domingo, ou as ligações noturnas do guru político Karl Rove aos domingos no escritório. Adorava convidar amigos para passeios na Ala Oeste e para cerimônias de boas-vindas a chefes de Estado; hospedar minha mãe para assistir aos fogos de 4 de julho[6] com a família presidencial; e rir ao ver John acenar para um Bush ligeiramente irritado no Rose Garden quando Barney, o cão presidencial, corria alegremente até ele em vez de ir ao seu dono.

Toda vez que eu entrava no Salão Oval, ou quando atravessava uma multidão de turistas com as minhas credenciais e era admitida no grandioso e radiante complexo da Casa Branca, ficava maravilhada com os mistérios da Providência Divina, que me haviam levado até lá. Mesmo assim, ainda me incomodava o fato de que os meus melhores dias eram aqueles em que me encontrava demasia-

---

(5) Ginásio poliesportivo coberto, localizado em Oregon, nos EUA. (N. do T.)
(6) Em 4 de julho de 1776, os Estados Unidos adotaram a Declaração de Independência, que os separou formalmente da metrópole inglesa. (N. do T.)

damente tomada pela atmosfera de animação com a vida na Casa Branca, para sequer poder lembrar a vida que eu deixara para trás em Saint Louis. Temia que, quanto mais tempo ficasse, mais me endureceria e me transformaria em alguém que não se incomoda mais em trabalhar o dia todo, discutir com burocratas raivosos e abrir mão do longo tempo dedicado à oração e às conversas profundas com John, que antes me foram necessárias para conseguir aguentar as pressões do dia.

Eu acreditava que trabalhar para uma administração republicana me poria em contato com muitas outras mulheres que partilhavam das minhas preocupações. Mas esse não era o caso no meu escritório; pelo menos não entre as estagiárias que fofocavam ao lado da minha porta. Certo dia, enquanto trabalhava de porta aberta, ouvi uma delas – uma aluna de Harvard cujos sapatos e xale custavam mais do que eu ganhava numa semana de trabalho – contar o caso de uma colega de faculdade que havia ficado noiva enquanto ainda estudava e tinha planos de fazer da maternidade a sua pós-graduação.

«Ela só pensa em casar e ter filhos», disse a estagiária rindo, e então diminuiu o tom de voz para revelar o segredo sujo por trás da escolha incompreensível daquela moça. «Ela é *católica*».

O grupinho de garotas de vinte e poucos anos ao seu redor balançou as cabeças em desaprovação, boquiabertas e horrorizadas. Em profundo conflito interno acerca da minha situação pessoal, não pude deixar de comentar a respeito.

«Eu sou católica», disse eu com um sorriso sarcástico à srta. Harvard, enquanto me dirigia ao meio do círculo.

«Estou noiva e quero casar e ter filhos. Acho que muitas mulheres querem o mesmo».

Seus olhos percorriam o grupo esbugalhados em busca de algum apoio.

«Tudo bem», disse ela. «Mas não logo depois da faculdade!»

«Por que não?», respondi. «Este é um país livre, e essa é uma das vantagens da liberdade. Mulheres diferentes podem fazer escolhas diferentes. E eu não vejo nada de errado com a dela».

Deixei o grupinho lá e saí para a Missa do meio-dia, certa de que as minhas opiniões peculiares seriam o assunto predominante no almoço do escritório naquele dia. Pensei: seria o meu desejo pelo casamento e pela maternidade mero produto da minha fé católica? Ou a minha fé católica apenas reacendeu um desejo intrínseco à minha natureza feminina, que o mundo me convencera a suprimir por tanto tempo? Será que o feminismo mudou tanto as coisas, que uma mulher que tire um diploma de Harvard logo antes de se casar aos vinte e dois anos precise ser considerada um lamentável retrocesso à Idade das Trevas?

Tentei me lembrar de como me sentira a respeito desses temas uma década antes, na minha época de faculdade. É provável que eu tivesse agido como uma daquelas estagiárias que riam em desaprovação da noiva. Agora, no entanto, sentia inveja da coragem dela. Casada aos vinte e dois! Com um diploma de Harvard, e nenhum plano imediato para usá-lo! Isso sim requer pulso firme!

Todo dia em Washington – na Casa Branca, no metrô, no meu bairro de classe média na região noroeste da cidade – eu via mulheres que haviam feito a escolha oposta.

Algumas tinham casado tarde; muitas nem sequer tinham casado. Algumas eram mães, mas a maioria era mais velha do que eu queria ser quando engravidasse. Elas pareciam agitadas e desgastadas, caminhando apressadamente pelos corredores do escritório, gritando ordens nos seus celulares enquanto corriam apressadas para reuniões e tentavam harmonizar sessenta horas de trabalho semanais com os deveres da maternidade. Resfolegavam enquanto corriam atrás dos seus pequenos em parquinhos nos fins de semana, exaustas com um serviço que as suas babás latinas desempenhavam com facilidade durante a semana. Muitas adotavam crianças de outros países, uma prática comum nos círculos abastados de Washington, onde mulheres normalmente esperavam até os quarenta anos de idade para conceber, e com frequência descobriam que nem mesmo a fertilização *in vitro* podia realizar o seu desejo de ter um filho biológico.

Aos vinte e nove anos, eu ainda me sentia um pouco despreparada para a maternidade, mas sabia que não devia esperar muito mais tempo para começar uma família. Permanecer no ritmo frenético de Washington por mais alguns anos provavelmente dificultaria as minhas eventuais tentativas de sair dele quando chegasse a hora de ter filhos. Se eu realmente quisesse ficar em casa com as crianças e, ao mesmo tempo, manter o mundo profissional ao meu alcance, eu precisaria começar a buscar esse tipo de carreira flexível antes de engravidar, e não depois.

Meu senso de urgência intensificou-se quando uma colega de vinte e sete anos recém-casada foi diagnosticada com câncer de intestino. Uma mulher inteligente e perspicaz, de intensa lealdade para com Bush, ela encarava uma jornada de trabalho rigorosa como diretora de pesquisa do nosso departamento, e muitas vezes passava a noite toda na sua mesa revisando discursos presidenciais importantes. Quando lhe perguntei certa vez como era a vida de casada, ela me disse que o seu marido reclamava da carga de trabalho dela no início, mas que depois desistiu de lamentar e arranjou um emprego que tomava tanto do seu tempo quanto o dela. Embora o dissesse rindo, sua história me entristeceu. Ela era uma católica devota, e eu sentia que ela ansiava pelo dia em que poderia viver uma vida mais saudável e constituir uma família. Infelizmente, esse dia jamais chegou para ela. Seu câncer espalhou-se rapidamente e, poucos meses depois de diagnosticada, ela faleceu.

Sua morte me abalou. Ela enfrentou essa provação com coragem e elegância, mas eu não conseguia parar de pensar em como me sentiria se tal diagnóstico tivesse vindo para mim. Todas aquelas horas que passávamos na Casa Branca ficavam bem no currículo e davam-nos a satisfação de servir ao nosso país. No caso da minha colega, elas lhe renderam um buquê de flores do próprio Bush pela sua recuperação – um presente que a deixou muito contente. No entanto, suspeito que ela teria trocado aquelas flores com satisfação – juntamente com todas as suas horas-extras – por alguns dias a mais com o marido e os pais que tanto amava.

Talvez eu estivesse projetando as minhas dúvidas sobre ela. Só sabia que, depois de três décadas rumando de uma conquista a outra, eu sentia uma mudança sutil ocorrendo no meu interior. Dia após dia, conforme eu lia os meus salmos, rezava o meu terço e prestava mais atenção a tais acontecimentos ao meu redor, ia abandonando os meus apegos – aos poucos no início, e depois cada vez mais. Uma vida de esforços havia-me trazido ao epicentro do poder mundial. Agora que finalmente eu poderia direcionar as minhas tendências ambiciosas para o tipo de trabalho de alta patente e pressão com que sempre sonhara, minha vontade de lutar se esvaíra. Deus a havia substituído por novos desejos: por uma união com John, por mais tempo com o meu pai, por uma vida pessoal que não cabia mais à margem da minha vida profissional.

A ideia de concretizar esse desejo, entretanto, ainda me aterrorizava. Durante meses continuei vacilando e adiando. Toda vez que tentava decidir-me a deixar a Casa Branca, eu dava para trás, perguntando a mim mesma e a John se estava tomando a decisão certa. Ainda não recebera um sinal claro de Deus que me convencesse de que sair de lá era a vontade dEle, uma decisão que Ele abençoaria.

Certa tarde de verão, eu voltava para casa a pé pela Avenida Connecticut ouvindo o debate interior sobre o meu dilema que sempre me passava pela cabeça por volta daquele horário. Aumentei o volume dos meus fones de ouvido, na esperança de que o velho CD de Alison Krauss que John e eu descobríramos anos antes anulasse as minhas ansiedades. De qualquer forma, elas não me levavam a lugar algum.

A música que começou logo em seguida era uma em que eu nunca havia prestado atenção. Krauss cantava sobre a sedução das riquezas e da segurança do mundo, professando que, apesar de todos os altos e baixos da vida e das suas circunstâncias desconhecidas, ela ainda preferia apoiar-se nas mãos de Deus, em vez de confiar nos seus próprios planos. Sua voz angelical fazia-me querer respirar aquela mensagem inspirada. Mas eu mal podia ouvi-la com todo o ruído dos meus medos e preocupações ainda rodopiando pela minha mente, lembrando-me de que é melhor confiar na Providência quando já se têm resolvidos os detalhes práticos. Foi naquele momento que ouvi estes versos: «A fé pode ver além das circunstâncias / e vê a floresta apesar das árvores».

Lágrimas encheram-me os olhos. Aquele simples refrão não era um sinal evidente, não era um grito de Deus dizendo-me o que fazer. Era simplesmente um convite.

Percebi que todo aquele tempo Deus não me pedira que lhe obedecesse. Pedia-me que confiasse nEle. Eu podia ficar em Washington ou voltar para Saint Louis. De qualquer forma, Ele estaria comigo. Mas ir para casa era o desejo que Ele pusera no meu coração, e voltar requeria mais confiança. Seria necessário o tipo de confiança que Faustina teve: aquela fé incondicional e inabalável que enfrentou o risco de ser chamada de louca por amor de Jesus, e como resultado ela se tornara um condutor poderoso da graça divina. O único jeito de adquirir aquela confiança era agir como se já a tivesse, e partir segurando-me somente na fé, sem nada além das mãos de Deus para amparar-me se eu caísse.

Abri um largo sorriso enquanto o quente sol daquele fim de tarde me aquecia a pele. Era só o que eu podia fazer para me segurar e não disparar correndo para o meu apartamento. Mal podia esperar para ligar para John. Mal podia esperar para lhe contar – sem reservas nem condições desta vez – que eu estava voltando para casa.

Dia da Independência

Parti de Washington no final de 2003, pouco menos de um ano depois de chegar. Após improvisar às pressas um planejamento, John e eu demos um jeito de programar nosso casamento para o Natal, o que coincidia confortavelmente com as férias de inverno dele. Eu ainda não havia encontrado outro emprego, nem sequer procurado: decidira passar os dias que me restavam na Casa Branca trabalhando da melhor maneira que podia e usando o que conseguisse economizar para me sustentar enquanto estivesse procurando uma nova oportunidade em Saint Louis.

Não foi fácil anunciar a minha partida para o meu chefe. Vários outros redatores haviam saído nos últimos meses, o que me tornava uma veterana no escritório.

«Isso não é nada bom», disse ele quando lhe dei a notícia de que voltaria para casa para o meu casamento. «Nada bom».

A resposta de Bush foi mais magnânima. Ele preparou um memorável evento de despedida para mim no Salão Oval; meu chefe disse-me que foi a mais longa cerimônia de despedida que ele já presenciara. Minha mãe veio de avião para a ocasião, e nós três gargalhamos enquanto o presidente, recostado em sua cadeira, nos deliciava com histórias das suas aventuras de campanha em Saint Louis, e das núpcias com a sua esposa, Laura. Houve uma hora em que minha mãe soluçou ao confidenciar as dificuldades que enfrentava em seus cuidados com o meu pai.

«Essas coisas testam a nossa fé», disse ele baixinho.

Antes de deixar o escritório, disse-lhe que me sentia honrada por haver servido como sua redatora de discursos, e que estava chateada por não poder ficar. Ele concordou e olhou para o chão, fingindo graciosamente que não havia notado a emoção que se fazia evidente na minha voz. Olhou, então, de novo para cima e disse com bom ânimo: «Tenho um presente de casamento para você».

Bush começou a vasculhar a sala, procurando primeiro nas gavetas da sua mesa e, depois, nas de uma escrivaninha próxima por um broche presidencial para me dar. Levantou-o quando finalmente o encontrou e presenteou-me com o estojinho azul e um sorriso de satisfação. Enquanto nos abraçávamos e posávamos para fotos, tentei imprimir aquele momento na minha memória, ciente de que aquela seria provavelmente a última vez que veria o presidente em pessoa ou aquele gabinete desde dentro.

No final daquela semana, depois de degustar às pressas um pouco do bolo de despedida com os meus colegas, vi os portões de ferro do complexo da Casa Branca fecharem-se atrás de mim pela última vez. Era uma tarde fresca de outono, e John viera para ajudar-me a carregar os meus pertences no mesmo reboque, desta vez rumo a Saint Louis. Sentia minha cabeça girar de alegria enquanto caminhava até a rua para vê-lo.

«Mal posso esperar para passar o resto da minha vida com você», disse John ao abraçar-me.

«Eu também», respondi.

Descendo a Avenida da Constituição alguns minutos depois, lancei um último olhar em direção àquelas colunas brancas reluzentes e sorri. John e eu estávamos de mãos dadas e partindo para o oeste, com o sol adiante. Logo estaríamos casados. Nunca na vida me havia sentido tão livre.

Não me sentira livre daquele jeito nem nos meus dias de solteira e desimpedida em Marquette, nem aos vinte e poucos anos como carreirista e individualista, nem naquele ano que passara viajando sozinha pelos Estados Unidos para compor o meu livro. Em cada uma dessas vezes, pensei saber o que era a liberdade, mas a liberdade que sentia naquela tarde ensolarada de outono era algo completamente diferente. É o tipo de liberdade que não vem da quebra com a tradição nem da dissolução de vínculos, mas de assumir compromissos que têm um custo e de saber que Deus nos amparará. Mais doce e profunda do que a mera licenciosidade, aquela liberdade havia escapado de mim todos aqueles anos que passei protegendo os meus interesses próprios e procurando nunca dar mais do que recebia. Foi somente no sacrifício por amor que encontrei a saída. Agora eu finalmente me sentia pronta para entrar num casamento de coração inteiramente aberto.

A decisão de deixar para trás a Casa Branca poderia ter sido fácil ou sem importância para outra pessoa. Para mim, porém, constituiu uma preparação árdua e de imenso valor para o casamento. Enfrentá-la forçou-me a reavaliar as minhas prioridades e a aprender a arte da entrega, algo que precisaria exercitar com grande frequência na vida de casada. Forçou-me a decidir enfim se realmente estava disposta a confiar que Deus tomaria conta das minhas necessidades nos anos que viriam pela frente, conforme eu gradualmente trocava a minha independência de solteira pela interdependência de esposa.

O que Faustina havia descoberto em seu convento do outro lado do mundo eu também descobrira, com a sua ajuda, na Casa Branca. A questão crucial da fé não é: «Eu confio em Deus?», mas sim: «Deus é confiável?» E a única maneira de responder a essa pergunta é apoiarmo-nos em seus braços misericordiosos e nos deixarmos levar.

4
Uma mãe de coração

Eu sempre soube que queria filhos; só não os queria em número excessivo nem cedo demais. Tampouco queria o estresse de tentar sustentá-los com a renda inexistente de um estudante de medicina e uma escritora desempregada.

Por isso, quando John e eu voltamos da nossa lua de mel em janeiro de 2004, lembrei-lhe que precisaríamos tomar muito cuidado para evitar a gravidez. Ambos respeitávamos o ensinamento da Igreja Católica acerca da contracepção e concordávamos que deveríamos usar apenas meios naturais para adiar a paternidade, e mesmo assim somente por bons motivos[1]. Decidimos que a nossa situação financeira precária era um bom motivo, dado que ele ainda era estudante em período integral e eu

---

(1) O *Catecismo da Igreja Católica* aborda essa questão entre os pontos 2366 e 2372. (N. do T.)

estava apoiando-me nas minhas economias e num plano de saúde que em breve venceria, enquanto arquitetava o próximo passo da minha carreira.

Nossos prospectos econômicos melhoraram em setembro de 2004, quando voltei a receber um salário como membro de um grupo de estudos com sede em Washington, operando em Saint Louis. O cargo deu-me a estabilidade financeira, os benefícios e o status de que eu precisava para investir numa carreira de escritora e palestrante em tempo integral trabalhando de casa. Enquanto isso, John aproximava-se cada vez mais da formatura, e com isso passaria a ganhar um salário – embora ainda fosse um salário de estagiário – dentro de apenas dez meses.

Apesar de já não ter a minha principal desculpa para evitar a maternidade, ainda hesitava em abrir-me à possibilidade. Tinha medo de que os meus ciclos menstruais irregulares e o meu histórico familiar de fecundidade me destinassem a seguir os passos da minha avó. Ela tivera doze filhos entre tentativas de dominar o velho método da tabela, e olhava-me exasperada quando lhe perguntava se esse método funcionava. Meus consultores de planejamento familiar natural garantiam que os métodos de hoje são mais confiáveis e que as famílias numerosas que os tinham usado simplesmente evidenciam o sucesso de tais práticas em assegurar uma maior abertura à vida. Embora acreditasse neles em teoria, ainda sentia dificuldade em perceber os sinais de fertilidade no meu corpo, e confiava principalmente em longos períodos de abstinência para evitar a gravidez. Acreditava que, assim que deixasse de ser tão cuidadosa, me encontraria na situação da minha avó: grávida ou amamentando por duas décadas a fio, e sobrecarregada com mais crianças do que conseguiria administrar.

Eu sabia que, se eu e John encarássemos nossos filhos como dons, Deus nos abençoaria; até vovó dizia isso. «Como eu poderia», dizia ela, «recusar uma criança?» Mesmo assim, ressentia-me do fato de que essa nova empreitada demandaria mais sacrifício de mim do que de John. Quando ele começou a dar indiretas sobre começarmos uma família, eu respondia com motivos para esperarmos. Talvez devêssemos adiar o projeto até que eu estivesse mais bem estabelecida no circuito nacional de palestras e como comentarista política em noticiários da TV a cabo, um meio em que me fazia cada vez mais presente. Talvez devêssemos esperar até ele receber o seu primeiro pagamento em mãos, em vez somente vê-lo no horizonte, ou até que tivéssemos resolvido as nossas brigas em torno da divisão das tarefas domésticas, ou ainda até que tivéssemos viajado para mais destinos desejados a que não tínhamos acesso por falta de tempo e dinheiro como recém-casados.

Um desses destinos era Nova Orleans. Eu visitara a cidade antes várias vezes, mas nunca com John. No final de dezembro de 2004, depois de celebrar o nosso primeiro aniversário de casamento em Saint Louis, entramos no carro e fomos para o sul com o objetivo de passar o resto das férias de inverno de John na «cidade para esquecer preocupações»[2]. Alugamos um quarto no Hotel Hyatt,

---

(2) Um guia turístico de meados do século XX referiu-se à cidade americana de Nova Orleans assim, e desde então o apelido passou a ser usado com frequência. (N. do T.)

próximo do Superdome³, participamos de um verdadeiro banquete de Ano Novo no Galatoire's⁴, no bairro francês, entramos em 2005 em meio a milhares de outros foliões na Praça Jackson, e terminamos a noite devorando meia dúzia de carolinas com os outros boêmios que frequentavam o *Café du Monde*. Fizemos tudo o que não poderíamos ter feito com um bebê nos braços.

Na manhã seguinte, tomamos um café da manhã tarde no Brennan's⁵, subimos num bonde e descemos no bairro Garden. Depois de caminhar durante horas na frente de elegantes mansões sulistas, chegamos a uma vizinhança mais humilde em que nos deparamos com a beleza barroca da Igreja de Nossa Senhora da Assunção. Entramos na antiga e majestosa igreja e ouvimos de uma mulher a história do seu mais famoso pároco, um padre do século XIX chamado Bem-aventurado Francis Xavier Seelos⁶, que morrera ao contrair febre amarela das vítimas que servia. Dando-nos ela um crucifixo do bem-aventurado e pedindo-nos para rezar para ele, sentamos num banco para refletir sobre o que queríamos pedir de Deus.

A resposta que me veio à mente surpreendeu-me. Depois de um fim de semana tão gostoso e farto, eu só conseguia pensar numa coisa que desejava: o próprio presente que significaria o final dessas férias. Eu queria que o amor

---

(3) Estádio de futebol americano localizado no centro financeiro de Nova Orleans. (N. do T.)
(4) Famoso e luxuoso restaurante francês da cidade. (N. do T.)
(5) Outro famoso e luxuoso restaurante francês da cidade. (N. do T.)
(6) Francis Xavier Seelos (1819-1867) foi um sacerdote redentorista alemão que, desde 1843, fez missão nos Estados Unidos. Foi beatificado em 9 de abril de 2000. (N. do T.)

entre mim e John gerasse frutos. Queria entregar-me totalmente a alguém que necessitasse de mim inteiramente. Eu queria...

«Eu queria pedir um filho», disse John, e ergueu o olhar ansioso buscando os meus olhos.

Respirei fundo e sorri.

«Eu também».

Um buraco negro

Parece apropriado que eu e John rezássemos pedindo um filho na Nova Orleans antes do furacão Katrina[7]. Como os moradores daquela cidade devastada por um furacão, olharíamos para o início de 2005 posteriormente como a calmaria que antecede uma terrível tempestade. Naquele outono, a igreja em que rezáramos sofreria danos de chuva e vendaval; a região do Superdome onde ficáramos teria se deteriorado a ponto de assemelhar-se a uma zona de guerra; e 80% da cidade estaria debaixo d'água. Enquanto isso, mais de mil quilômetros para cima do rio Mississippi, John e eu nos recuperávamos do nosso desastre natural particular.

Estava sentada na cama penteando o cabelo na frente do espelho da cômoda para sair para jantar com John, quando aconteceu. Ele acabara de atender ao telefone no escritório. Continuei me penteando enquanto o escutava cumprimentar alegremente o médico a que havíamos ido

---

(7) Furacão que, em 2005, devastou diversas cidades da região litorânea sul dos Estados Unidos, sobretudo Nova Orleans. (N. do T.)

naquela semana, que era amigo dele e que havia realizado alguns exames para verificar possíveis problemas que pudessem vir a explicar o porquê de não conseguirmos conceber depois de dez meses de tentativas. Congelei quando ouvi a voz robusta de John subitamente aquietar-se e perder a força. Só podia escutar parte da conversa, mas o cerne da questão era claro. O médico havia descoberto alguma espécie de problema, talvez até mais de um, e essa descoberta havia-nos lançado daquela ampla categoria de casais que levam um pouco mais de tempo do que o normal para conceber, àquela outra, mais digna de pena, dependente de remédios ou milagres para lograr uma gravidez.

Ao ouvir John cobrindo o colega de perguntas com uma voz cada vez mais baixa após cada tortuosa pausa, olhei para o meu rosto no espelho. Senti-me como se fosse outra pessoa olhando para o meu corpo de trinta e um anos de idade. Percebi pela primeira vez as rugas discretas nos cantos dos olhos e uma marca de riso na minha bochecha esquerda. «Não devia ter me bronzeado com tanta frequência na faculdade», pensei. «Não devia ter perdido tanto tempo para me casar».

Voltei a pentear o cabelo roboticamente enquanto a minha mente febril recapitulava as mulheres que conheci que lutaram contra a infertilidade. Relembrei as histórias que ouvira sobre procedimentos invasivos e humilhantes, contas médicas exorbitantes, abortos espontâneos de cortar o coração e casamentos testados até o limite. Lembrei-me de tantas vezes ter encorajado aquelas mulheres enquanto pensava comigo mesma: «Meu Deus, não deixe isso acontecer comigo». E agora lá estava eu, fadada ao mesmo drama.

Quando ouvi John desligar o telefone, esperei um pouco, dirigi-me até a porta entreaberta do escritório e olhei para dentro. Ele estava sentado à mesa com a cabeça entre as mãos. Bati suavemente e entrei. Ele não se mexeu.
– O médico ligou com os resultados?– perguntei.
– Sim – ele disse com a cabeça ainda entre as mãos.
– O que ele disse?
– Não são nada bons.
– É muito ruim?
John virou a cadeira na minha direção. Estava pálido.
– Péssimo.
– Ele acha que temos chance de engravidar?
– Ele disse que provavelmente não.
Senti as minhas pernas bambearem quando ouvi aquelas palavras. Olhei para o bloquinho amarelo na mesa, onde John havia tomado algumas notas, incluindo algumas razões e probabilidades que eu podia ler de onde estava. Uma delas dizia: «1 em 1000». Fiquei congelada por um momento enquanto via John voltar para a mesa e pôr a cabeça novamente entre as mãos. Aproximei-me então e agachei-me ao seu lado. Ele se esticou para me abraçar e ficou com o rosto ainda baixo enquanto nos abraçávamos. Ficamos daquele jeito – agarrados um ao outro – pelo que nos pareceu uma eternidade, um evitando olhar para o semblante caído do outro.

O resto da noite foi uma tristeza. John e eu fomos jantar de qualquer maneira, nossa conversa se alternando entre observações otimistas sobre a alta incidência de erros em exames médicos, piadas sem graça sobre os benefícios de uma vida sem filhos, e longos silêncios pesados.

Ele pegou no sono assim que chegamos em casa, mas eu fiquei acordada por horas. Por volta da meia-noite, saí da cama de fininho e fui até o corredor. Parei na porta do escritório que desejáramos transformar no quarto do bebê, e então fui até a sala de estar, onde os largos sorrisos da nossa foto de casamento se transformaram numa cruel reprovação. Parecia que todos os sonhos que eu tivera para o nosso casamento e a nossa vida juntos haviam evaporado. Eu sabia que o médico havia deixado pouco espaço para esperança, mas ainda temia a incerteza e a angústia que viriam adiante. Sentia que a infertilidade seria uma provação mais dura do que qualquer outra que eu enfrentara, provação particularmente difícil para a minha personalidade impaciente.

Ajoelhada no carpete verde desgastado da sala, encolhi-me como uma bola, com a testa no chão e as mãos no rosto. Queria ser engolida; desaparecer por alguns anos até que alguém me pudesse contar como aquilo tudo acabaria. Apertava os olhos para bloquear as ondas de choque e tristeza que me inundavam a mente; mas elas não paravam de vir.

«Esta cruz é pesada demais», cochichava entre as lágrimas que escorriam torrencialmente pelo meu rosto e caíam no carpete. «Por favor, Jesus, por favor; é pesada demais».

Passei o resto da noite no chão, vacilando entre dúvida, desespero e raiva, até que finalmente caí num sono conturbado no sofá. John saiu cedo para o trabalho, teve de pegar um turno de trinta e seis horas no hospital e eu não o veria até a noite seguinte. E eu tive de enfrentar outro dia e outra noite intermináveis sozinha. Ficar escrevendo sem ninguém no nosso escritório doméstico estava fora de questão; decidi então dar uma volta no nosso bairro suburbano cheio de crianças. Cada balanço, cada bicicleta perdida que via reduzia-me a lágrimas de novo. Tentei ligar para uma amiga no celular, mas acabei tendo um ataque de soluços na calçada antes de conseguir dizer-lhe qual era o problema. Estava acabada. E tudo o que via adiante era mais do mesmo – mais tristeza, mais lágrimas, e a espera por uma criança que poderia jamais chegar.

Nunca percebera o quanto eu queria ser mãe até saber que talvez eu nunca tivesse a chance de ser. Do dia para a noite, o filho imaginário que eu evitara por atrapalhar a minha vida tornou-se o Santo Graal. Os desejos maternos que eu havia ignorado durante anos em defesa da minha independência e em busca de uma carreira acossaram-me de supetão, ameaçando devorar-me com a sua intensidade própria de um instinto natural.

Os meses seguintes trouxeram mais choro, terror e exames. Pouco depois daquele susto inicial, exames conduzidos pelo mesmo médico geraram resultados normais. Um mês depois, outra bateria de testes deu sinais de potenciais problemas, e a montanha-russa continuava. Logo aprendi que a medicina da fertilidade é mais arte do que ciência, e uma arte profundamente irritante. Tudo depende de probabilidades e porcentagens, tentativa e erro. Talvez conseguíssemos conceber um filho, talvez não. A única maneira de descobrirmos seria vendo um sinalzinho positivo num desses testes de gravidez caseiros que havíamos comprado aos montes e estocado no armarinho do banheiro.

Por meses agonizantes a fio, trancava-me no banheiro, fazia o sinal da cruz e olhava fixamente para o teste por três minutos, esperando um milagre. Mês após mês, o palitinho olhava de volta para mim sem nenhuma resposta a todas as minhas preces, pedidos e visitas médicas, apenas um insolente sinalzinho negativo. John encontrou-me diversas vezes chorando no chão do banheiro e perguntando-me a mim mesma por que, por uma única vez, aquele maldito palito não me respondia com um sinal positivo.

Aqueles resultados negativos e cólicas menstruais reveladoras que os confirmavam sempre pareciam chegar nas piores horas. Vinham incomodar-me quando estava indo a um chá de bebê, conversando com uma amiga que ligara para dizer que estava grávida ou deitada sozinha numa cama de hotel numa cidade estranha aonde viajara para ministrar o tipo de palestra prestigiosa que antes eu cobiçava mais do que um filho. As minhas cólicas vinham com frequência bem na hora em que subia no palco para dar um discurso pró-vida, ou quando me punha diante das câmeras para conduzir uma entrevista sobre ética católica para o programa *Fé e Cultura*, meu novo *talk show* na EWTN[8]. Sempre que me atacavam, enchiam-me de dor por dentro e por fora, desolada com a recusa de Deus em me conceder sucesso nesse aspecto da minha vida que, agora, importava para mim mais do que qualquer outro.

Com o meu fracasso na fertilidade, não demorou muito para que concluísse que eu era um fracasso também enquanto mulher. Se a capacidade de conceber e dar à luz

---

(8) *Eternal Word Television Network* (EWTN, «Canal de televisão da palavra eterna») é a maior rede televisiva católica do mundo, fundada pela Madre Angelica (1923-2016) em 1981. (N. do T.)

é a característica biológica que define o corpo feminino, o que se devia pensar de mim, cujo corpo era incapaz de desempenhar tal função? E o que pensar do nosso casamento, que se provara incapaz de produzir fruto? Seria possível que Deus não tivesse aprovado o nosso casamento? Que o meu retorno a Saint Louis tivesse sido um erro? Ou que as minhas sensações sobrenaturais de anos anteriores, que me pediam para focar mais na família e menos na carreira, haviam sido meras ilusões? E quanto aos ensinamentos católicos sobre a reprodução que eu defendera tanto publicamente? Seria a minha situação prova de que eles não eram tão sábios ou universais quanto eu supusera? Aceitar a doutrina quando era recém-casada e me preocupar com a possibilidade de ter filhos demais era uma coisa; outra coisa muito diferente era aceitá-la encarando a possibilidade de que segui-la – principalmente com relação à proibição da fertilização *in vitro* pela Igreja – poderia significar nunca conceber uma criança.

John e eu mantivemos a nossa luta pela fertilidade escondida de todos, exceto alguns parentes e amigos próximos. Imaginamos que não seria benéfico ter de aguentar o fardo de sermos tachados de inférteis publicamente, ou de nos incomodarem pedindo notícias o tempo todo. Embora este segredo em comum nos tivesse unido ainda mais, era evidente a diferença de reação que tínhamos ao longo do processo. John conseguia esquecer as decepções mensais mais rápido do que eu, perdendo-se no trabalho e isolando nossos problemas de infertilidade do resto da sua vida. Para mim, a questão não saía da cabeça. Conforme monitorava os meus sinais diários de fertilidade, sentia o meu ânimo melhorar ou piorar com cada flutuação hormonal. Planejava os meus dias em torno das minhas cólicas debilitantes e frequentes consultas médicas, oferecia os meus braços como almofadas de agulhas para infindáveis exames de sangue, e servia de cobaia para cada tratamento novo que surgia. Não obstante quais fossem as suspeitas dos médicos acerca das nossas dificuldades, eu sentia o peso do fardo que carrega não uma pessoa sem filhos, mas uma mulher sem filhos.

Esse fardo estendia-se para além dos limites do consultório. Estranhos intrometidos que sequer conheciam o nosso histórico médico rotineiramente atribuíam a mim a nossa falha, e me enchiam de perguntas que nunca fariam ao meu marido. Enfrentei os mais humilhantes questionários em círculos religiosos conservadores que eu frequentava e onde trabalhava. Ficava chocada de ver como muitos indivíduos que se portavam diariamente como cristãos educados achavam normal dar-me broncas em público pela minha infertilidade, convencidos de que a minha carreira era o motivo por que John e eu havíamos falhado em frutificar e multiplicar-nos. Casada há dois anos e nada de filhos ainda? Nunca ouviu falar das maravilhas do planejamento familiar natural e dos perigos da pílula? Não percebe que os anos estão passando? E que todo esse negócio de carreira, por melhor que seja, não é o real objetivo da vida de uma mulher ou de um casamento?

A única coisa pior do que os sermões de inimigos da contracepção, que acreditavam que eu era católica só de nome, eram as receitas de falsos *experts* que tentavam adivinhar as nossas dificuldades e prescrever soluções, geralmente no meio de um coquetel lotado, na fila ao pedirem o meu autógrafo em lançamentos de livros, ou no banco da igreja, enquanto eu tentava rezar em paz depois da Missa. Suas perguntas eram óbvias e inúteis: já foi ver um médico? Aqueles tratamentos baseados em planejamento familiar natural fazem milagres, sabe. Talvez você devesse relaxar mais; Deus vai mandar-lhe um filho, se for da vontade dEle. Será que Deus não quer que você seja mãe? Além do mais, sempre há a possibilidade da adoção. Já lhe contaram daquela mulher que tentou engravidar durante anos? Assim que ela e seu marido assinaram os papéis da adoção, ela engravidou!

Eu geralmente me sentia envergonhada demais para conseguir responder a tais comentários. Apenas sorria, implorando a Deus silenciosamente que fizesse a pessoa acabar de falar e ir embora. Eu sabia que o conselho vinha de um desejo de ajudar. No entanto, a maioria dos comentários que ouvia, mesmo de amigos e familiares, só me desanimavam ainda mais. Eles menosprezavam o meu desejo por um filho, fazendo-me sentir boba e envergonhada por levar a minha infertilidade tão a sério. E nunca respondiam a minha pergunta mais profunda sobre o tema: por que Deus me deu estes desejos maternais se nunca teve a intenção de realizá-los?

Almas gêmeas

Na primavera de 2006, enquanto John e eu estávamos imersos na nossa tentativa de ter um filho, recebi uma ligação de uma amiga. Ela estava planejando um almoço para mulheres com o intuito de arrecadar fundos para um programa da pré-escola da sua filhinha. Perguntou-me se eu poderia abrir a série de apresentações com um tópico importante para a mulher cristã de hoje.

Interessei-me, mas estava um pouco hesitante em aceitar. Eu havia ido ao almoço do ano anterior, antes da minha crise de fertilidade começar, e mesmo então me senti como um peixe fora d'água em meio à multidão de mães abastadas e predominantemente do lar. A palestra de abertura naquele ano havia sido sobre fé e moda – um tópico nada atraente para alguém que ainda veste camisas que comprou na época de colégio e quase sempre mergulha de cabeça em tendências que já estão saindo de moda. Fiz uma careta involuntária quando a palestrante iniciou o discurso parabenizando as presentes por terem escolhido saias nos tons pastel mais novos da estação, sinal claro de que prezavam pela feminilidade. Lá estava eu numa das mesas da frente, vestindo uma calça social com cinco anos de uso e sentindo-me uma Bella Abzug[9] no clube da Luluzinha. O resto do evento não foi muito melhor.

Eu sabia que as mulheres que participavam desse almoço anual eram sinceras em sua fé e desejo de louvar a Deus através da sua feminilidade. Mas eu não tinha interesse em ensinar-lhes como ficarem mais bonitas para Jesus, ou como canalizar a sua June Cleaver[10] interior. Disse então à minha amiga que falaria no evento se pudesse tratar de um assunto pelo qual eu me interessasse:

---

(9) Bella Abzug (1920-1998) foi uma advogada, ativista e política estadunidense, que incentivou a participação das mulheres na vida pública. (N. do T.)
(10) June Cleaver era uma personagem da televisão americana que caracterizava perfeitamente a mãe dona de casa. (N. do T.)

uma visão católica da feminilidade, articulada pelo Papa João Paulo II e por uma santa que ele canonizara havia pouco tempo: Edith Stein.

Meus motivos eram, na verdade, egoístas. Eu tinha passado meses tentando encontrar recursos que me ajudassem a compreender a minha feminilidade à luz da minha fé e das minhas batalhas no *front* da fertilidade. A maior parte do que eu lera até então em livros e revistas cristãs parecia-me muito piedoso e de tom motivacional, uma versão cristianizada de mensagens do tipo: «Logo, logo você vai engravidar», que foram justamente o que me fez desistir de fóruns de discussão seculares sobre o tema. Concluí que me aprofundar nas reflexões mais substanciais dessas duas figuras da Igreja poderia ser mais proveitoso. Um discurso me serviria de oportunidade, e determinaria um prazo para fazê-lo.

Iniciei a minha pesquisa revisitando os escritos de João Paulo II sobre as mulheres: a sua carta apostólica de 1988, *Da Dignidade e Vocação das Mulheres*, a sua *Carta às Mulheres*, de 1995, e a sua encíclica de 1995, *O Evangelho da Vida*, na qual ele pela primeira vez pediu um novo tipo de feminismo, cristão e pró-vida, que afirmasse «o verdadeiro gênio da mulher em cada aspecto da vida em sociedade». Embora o pensamento do Papa sobre as mulheres não fosse algo novo para mim, relê-los lembrou-me de como ele era resoluto no que diz respeito à igual dignidade dos sexos e à necessidade de as mulheres compartilharem os seus dons com a Igreja e com a sociedade, e não apenas dentro do núcleo familiar.

Nessa releitura, prestei uma atenção especial à ênfase de João Paulo II no conceito da maternidade espiritual, a ideia de que a mulher possui uma inclinação natural à abertura ao ser humano e a «ver as pessoas com o coração, (...) independente de quaisquer sistemas políticos ou ideológicos, (...) com as suas grandezas e limitações». O Papa descreve esse caráter maternal do coração da mulher centrado na pessoa humana como a verdadeira essência da feminilidade. Recebi aquilo como uma definição inovadoramente substantiva da feminilidade, muito mais atraente do que o estereótipo água-com-açúcar, tão comum em conferências para mulheres ou nas prateleiras de espiritualidade feminina da maioria das livrarias. Ainda mais atraente era a afirmação de João Paulo II de que a mulher pode descobrir e cultivar a maternidade espiritual independente do seu estado conjugal ou da sua habilidade de conceber filhos, ainda que a gravidez tenha o efeito de intensificar a sua consciência desse dom. Toda mulher é chamada a ser mãe, diz o Papa, mas há mais de uma maneira de responder a esse chamado.

Essa nova compreensão da maternidade me fascinou. Eu desejava informar-me mais a respeito, desejava ver o conceito de maternidade espiritual concretizado em algum exemplo mais palpável. Recorri então a um livro da minha prateleira que já vinha querendo ler havia algum tempo, uma coletânea de textos sobre a mulher escritos pela filósofa, judia de nascença e católica conversa, depois freira carmelita, Edith Stein. Já tinha lido a autobiografia incompleta de Edith, *A vida numa família judia*, em que relata a sua infância e adolescência na Alemanha. O livro não oferece grande aprofundamento na filosofia feminina de Edith baseada na fé, porque termina abruptamente antes da sua conversão ao cristianismo já na fase adulta.

Edith desejava escrever mais, mas foi forçada a parar de escrever em 2 de agosto de 1942, quando a Gestapo invadiu seu convento na Holanda numa perseguição a todos os católicos de ascendência judaica em retaliação a uma carta pastoral contra os nazistas publicada uma semana antes pelo episcopado holandês. Os nazistas capturaram Edith e a puseram num vagão rumo a Auschwitz. Uma semana depois, ela estava morta.

Visitei Auschwitz em 2002, enquanto viajava pela Polónia. Caminhar pelos trilhos que levaram mais de um milhão de prisioneiros para o campo da morte e entrar na câmara de gás onde a maior parte deles morreu mostrou-me uma nova dimensão dos horrores do Holocausto e do sofrimento individual das suas vítimas, incluindo Edith. Descobri mais tarde que houvera controvérsia em torno da decisão do Papa de canonizar Edith como mártir em 1998, pois alguns judeus viram uma tentativa de «cristianização do Holocausto», na atribuição da morte dela também à sua identidade católica, e não somente à sua identidade judaica. Da sua parte, Edith via a sua conversão ao catolicismo como consumação, e não como repúdio, da sua herança judaica. Uma eminente filósofa antes de entrar para o convento, ela falava abertamente contra o nazismo e implorou ao Papa Pio XII que fizesse o mesmo. Colegas de prisão a descreveram como corajosa e consoladora enquanto viajava para a sua morte, esquecendo-se de si mesma, além de encher de ternura as crianças cujas mães haviam perdido a esperança. Edith lamentava mais pelo seu povo judeu do que por si mesma, disse um sobrevivente, e parecia «uma Pietà sem o Cristo».

Por mais comovente que achasse as circunstâncias da sua morte, o que descobri ao pesquisar a vida dela e outros escritos intrigou-me ainda mais. Para começar, partilhávamos de certas histórias de conversão. Não eram histórias tão similares, logicamente: Edith nascera numa família judia quase um século antes de mim e caíra no ateísmo antes de finalmente ser levada à Igreja Católica pelas suas leituras. Mas a história que serviu de ponto de virada na sua jornada adulta na fé foi a mesma que mudara a minha vida: a vida de Santa Teresa de Ávila, que Edith devorou numa noite antes de fechar o livro e declarar: «Isto é a verdade».

A verdade importava para Edith. Ela passou a vida toda a buscá-la, primeiramente no estudo da psicologia, e então no movimento filosófico nascente conhecido como fenomenologia, que enfatiza a reflexão cuidadosa acerca da experiência pessoal na busca pela verdade. Inspirada por Teresa e pelo testemunho de alguns amigos cristãos, a jornada de Edith levou-a, enfim, à Igreja, onde os escritos e a filosofia de São Tomás de Aquino lhe mostraram uma imagem completa da dignidade e do destino da pessoa humana.

Entre as questões que a intrigaram ao longo de toda a sua carreira acadêmica em Filosofia estavam aquelas que se relacionavam com a natureza feminina. Sendo uma autointitulada feminista com pouca paciência para aguentar visões superficiais ou machistas da feminilidade, Edith elogiava os avanços alcançados por mulheres da sua época; via, porém, potenciais perigos nos esforços do movimento feminista de minimizar aquilo que ela chamava de «singularidade feminina», as inclinações únicas que a mulher possui pelo fato de ser mulher. Embora Edith acreditasse que homens e mulheres compartilham das mesmas características humanas e destino eterno, via diferenças significativas na maneira como cada sexo se relaciona com Deus, com o mundo e com o próprio corpo. Ela considerava crucial que a mulher compreendesse a sua natureza distintamente feminina para que pudesse viver em harmonia com ela.

As profundas reflexões de Edith sobre questões femininas tornaram-na uma instrutora amada de muitas jovens mulheres e uma líder intelectual do movimento católico feminino da Europa nos anos 30. Essas reflexões, publicadas em inglês sob o título de *Essays on Woman* («Ensaios sobre a mulher»), captam a essência da mulher como somente um trabalho escrito por uma mulher poderia captar. Tratam de temas que abrangem desde o mais sublime – como o papel da mulher na história da salvação – até o mais corriqueiro – como formas de não perder o contato com nossos dons femininos mesmo quando trabalhamos em áreas dominadas por homens. E no centro das suas considerações observa-se uma visão da maternidade que propõe um grande desafio para mulheres de todos os níveis sociais.

Maternidade abençoada

Assim como João Paulo II, filósofo de linha similar que ecoa na sua «Teologia do Corpo» alguns dos temas tratados pela santa, Edith baseia várias das suas formulações nos relatos bíblicos a respeito da Criação e do corpo humano. Em Gênesis, ela presta especial atenção à designação da mulher como «uma companheira apropriada» para o homem, e ao mandamento de Deus de que o homem e a mulher «fossem férteis e se multiplicassem» e se tornassem «uma só carne» (Gen 2, 18; 1, 28; 2, 24). Ela via nesses versículos uma confirmação de que a mulher tem uma vocação natural ao casamento e à maternidade. «Essa orientação inata a ser companheira de outro e a prover o sustento físico, emocional, intelectual e espiritual de outro pode ser seguida de maneira mais óbvia por meio do casamento e da maternidade», diz Edith, «mas também pela vida consagrada e pelo trabalho altruísta no mundo».

Ela vê evidência para esse tipo de chamado na estrutura corporal da mulher, que é projetada para receber tanto o homem como a criança. Acredita que tal receptividade física revela uma abertura espiritual, impressa na alma feminina, à pessoa humana. «O maior desejo do coração de uma mulher é entregar-se com amor, pertencer a outrem e possuir completamente esse outro ser», escreve ela. «Tal desejo se revela na sua própria constituição física, pessoal e receptiva, que nos parece algo especificamente feminino».

Embora o homem também seja chamado a uma comunhão amorosa com os outros, Edith considera a natureza masculina mais orientada do que a feminina «à ação, ao trabalho e a conquistas objetivas». O homem, diz ela, «importa-se menos com questões ontológicas, sejam elas as suas próprias, sejam as dos outros». «Motiva-o um impulso mais intenso em direção a conquistas mais individuais e objetivas», diz Edith, «por causa da sua maior capacidade de submeter-se a uma disciplina externa e de concentrar-se exclusivamente na busca de uma meta específica». Ela crê que essa capacidade auxilia o homem na sua função de pai porque o inclina a motivar o filho para que «tenha sucesso na vida» e a proteger e prover o necessário para a sua família.

O corpo e a alma da mulher, em contraste, «são projetados menos para lutar e conquistar e mais para amar, guardar e preservar». Edith acredita que a mulher possui uma percepção mais holística da vida do que o homem, em parte porque se encontra mais intimamente ligada ao seu corpo pelos ciclos menstruais, pela gravidez e pelas demandas físicas da maternidade, que fazem com que não se perca tanto em abstrações. Edith diz que as mulheres tendem a prestar mais atenção às pessoas do que às coisas, a relacionamentos e realidades concretas da vida do que a teorias, e à verdade integral sobre uma pessoa ou uma situação do que a uma análise dos seus componentes. Enquanto o homem costuma preocupar-se com os seus próprios empreendimentos, o desejo inato da mulher de ser uma companheira e mãe faz com que ela se delicie em auxiliar os seus entes queridos com as preocupações diárias deles – que lhe dizem respeito simplesmente porque importam para quem ela ama.

A tendência da mulher à abertura aos outros também a inclina a uma união intensa e amorosa com Deus. Edith vê as mulheres como contemplativas natas no mundo, porque têm a habilidade especial de misturar a atenção a tarefas concretas com uma capacidade de cultivar o silêncio e a paz. Ela observa que as mulheres frequentemente nutrem o desejo por uma vida integrada, em que as suas preocupações espirituais, intelectuais, emocionais e práticas se unam de modo que seja possível conectar a fé às suas tarefas diárias. A entrega de si própria a Deus em oração no meio da vida cotidiana combina com a alma feminina, diz Edith, e esta entrega «representa a maior conquista dentre todas as aspirações femininas. De fato, trata-se da maior conquista da nossa vocação humana, que é sentida mais vivamente e buscada mais avidamente pela mulher por estar mais de acordo com a sua natureza específica».

Algumas das afirmações de Edith sobre as características específicas da mulher, assim como as suas observações sobre a sua natureza «subordinada» e «sentimental», parecem ultrapassadas e cheiram à rigidez dos arquétipos definidos por Carl Jung, teórico que alcançara proeminência na época em que Edith estudou psicologia. No entanto, Edith reconhece que as tendências que ela descreve variam de acordo com os indivíduos, havendo alguns homens que manifestam inclinações atribuídas a mulheres mais do que certas mulheres as manifestam, e vice-versa. Ela não crê que a visão mais «centrada nas pessoas» da mulher a limite a trabalhar somente nas ditas «profissões auxiliares», ou que todas as mulheres devam casar-se e ter filhos. A própria Edith seguiu uma exigente carreira acadêmica num campo dominado por homens e viveu durante décadas como mulher solteira no mundo antes de entrar para o convento e depois sofrer o martírio. Ela insiste que a orientação maternal da mulher a compele a ser não apenas generosa e amorosa, mas também sábia, forte e corajosa, para que possa resistir e lutar como só uma mãe consegue quando vê os seus filhos sendo atacados.

Um exemplo bíblico desse ideal materno de amor, coragem e generosidade pode ser visto em Maria, mãe de Jesus. Edith vê Maria como um modelo de maternidade não somente porque concebeu Jesus em seu ventre, mas também porque antes o concebera no seu coração. Ao responder ao pedido audacioso de Deus com um simples *fiat* – «Faça-se em mim segundo a vossa palavra» (Lc 1, 38) –, Maria serviu de modelo de abertura radical à pessoa humana que Deus quer de toda mulher e de todo discípulo em geral. Jesus sugere o mesmo com a sua resposta à mulher na multidão, no Evangelho de Lucas, quando ela lhe diz: «Bendito o ventre que te gerou, e os seios que te amamentaram». Ele a corrige: «Mais benditos são aqueles que ouvem a palavra de Deus e a guardam» (Lc 11, 27-28). Jesus diz isso não para denegrir a maternidade física de Maria, mas para enfatizar que o que Deus valoriza acima de tudo é a receptividade à sua vontade – a própria receptividade, observa Edith, que vemos tão bem exemplificada em Maria.

Filhas de Eva

Maria é um exemplo difícil de seguir, como Edith bem reconhece. Diferente da mãe de Jesus, o restante de nós possui máculas, tendências pecaminosas que podem fazer de nossas maiores forças nossas piores fraquezas. Edith enxerga algo do poder deturpador do pecado já nas maldições designadas a cada sexo por Deus em Adão e em Eva após a queda:

Disse também à mulher: Multiplicarei os sofrimentos de teu parto; darás à luz com dores, teus desejos te impelirão para o teu marido e tu estarás sob o seu domínio. E disse em seguida ao homem: Porque ouviste a voz de tua mulher e comeste do fruto da árvore que eu te havia proibido comer, maldita seja a terra por tua causa. Tirarás dela com trabalhos penosos o teu sustento todos os dias de tua vida. Ela te produzirá espinhos e abrolhos, e tu comerás a erva da terra. Comerás o teu pão com o suor do teu rosto, até que voltes à terra de que foste tirado; porque és pó, e pó te hás de tornar (Gen 3, 16-19).

Em relação aos homens, Edith crê que esta passagem sugere dois pecados a que eles naturalmente tendem: a dominação da mulher e a obsessão com o trabalho. Edith argumenta que o pecado transforma o impulso masculino pela conquista num desejo desordenado pela perfeição que pode degradar tanto o próprio homem como as pessoas próximas dele. Pode vir a adotar uma visão de mundo materialista que não atenta para os bens que não podem ser contados ou vistos, ou ainda rejeitar os limites impostos à sua liberdade e aos seus questionamentos e recusar-se a se submeter a leis que venham de fora dele mesmo. Esse ciclo de apegamento e destruição pode estender-se até o mundo natural, diz Edith, quando, «ao invés de alimentar uma alegria reverente à Criação, ao invés de desejar preservá-la e desenvolvê-la, o homem procura explorá-la gananciosamente até os limites da ruína ou da aquisição irrefletida, sem a compreensão de como aproveitar-se dela corretamente».

Já para as mulheres, ela considera reveladora a referência à «necessidade» que a mulher sente de um marido que lhe sirva de «chefe». A passagem sugere que, enquanto o homem é mais inclinado a fazer do trabalho ou do dinheiro o seu deus, a mulher tende mais a idolatrar outras pessoas ou relacionamentos com que se envolva. O foco natural da mulher na dimensão humana pode degenerar-se em intrometimento e fofoca, diz a santa, «num desejo perverso de penetrar na vida pessoal alheia e uma paixão desordenada por vigiar as pessoas». Seu desvelo para com os entes queridos pode levá-la a sufocá-los, conduzindo a uma «falsa busca por prestígio», que a fará identificar o seu valor enquanto pessoa com o sucesso do seu marido ou dos seus filhos. Seu desejo de servir pode tentá-la a assumir um excesso de responsabilidades, fazendo com que falhe com as suas responsabilidades primárias ou não consiga distinguir a sua própria identidade da identidade daqueles a quem ela serve.

O pecado pode distorcer os dons de que uma mulher dispõe com relação à intimidade com Deus e com os outros. Sua sensibilidade aguçada pode degenerar-se em afetação e sentimentalismo. A unidade natural de corpo e alma que a orienta em direção a uma fé holística e à consciência do que acontece em seu interior, pode decair até tornar-se uma fixação no conforto ou uma busca irracional do prazer. Até mesmo a sua habilidade de equilibrar diversos interesses e deveres pode degenerar-se, diz Edith, em «um desejo pervertido pela totalidade e inclusividade, uma mania de querer saber tudo e, assim, enxergar tudo superficialmente sem aprofundar-se em nada».

Esse é o dom feminino da maternidade quando extraviado, suas qualidades naturais transformadas em problemas. Quando isso acontece, a mãe generosa e altruísta torna-se a matriarca controladora com complexo de mártir e impossível de agradar. A amiga atenciosa e exigente torna-se a fofoqueira insaciável que mancha reputações por *hobbie*. A esposa afetuosa torna-se a resmungona ressentida que não consegue perdoar o marido por fracassar em atender a todas as suas necessidades emocionais. E a jovem que deseja uma criança torna-se a consumidora gananciosa no mercado da fertilidade, amargurada com Deus e com o mundo por não lhe concederem o filho que ela sabe que merece. Em cada caso, o desejo de uma mulher pelo amor infinito de Deus é desviado para os seres humanos, com resultados desastrosos.

Edith sugere dois remédios para a mulher que estiver caindo nessa armadilha. O primeiro é o que ela chama de «trabalho totalmente objetivo», que consiste em qualquer coisa, desde varrer a cozinha até programar um orçamento ou realizar uma pesquisa para uma monografia. Esse tipo de tarefa a obriga a submeter-se a leis que vêm de fora dela mesma, ajuda-a a escapar da obsessão consigo mesma ou com as suas emoções, e a incentiva a desenvolver o autocontrole, importante disciplina para a vida espiritual.

O segundo remédio é ainda mais crucial: estruturar o dia de maneira que se abram as portas à graça divina. A fidelidade a Cristo e às exigências da nossa vocação requer «intenso vigor espiritual», observa a santa, e esse vigor «definha a longo prazo, se não for reabastecido pela fonte eterna» da graça. Ela acredita que a mulher deveria conectar-se com essa fonte por meio da confissão sacramental frequente, do recebimento regular da Sagrada Comunhão e da oração silenciosa ao longo do dia, preferivelmente diante do Santíssimo Sacramento.

Edith recomenda às mulheres que, se possível, assistam à Missa todas as manhãs e perguntem a Jesus, depois de recebê-lo na Eucaristia, como quer que passem o dia. Com o passar das horas e o acúmulo de novas preocupações e problemas, devemos fazer uma pausa na hora do almoço para nos religarmos a Deus. Uma hora dedicada ao Santíssimo ou um descanso solitário num local quieto são ideais, diz ela, mas se isso não for possível, devemos dedicar um momento para «nos fecharmos internamente para todas as outras coisas e nos refugiarmos no Senhor. Ele estará mesmo lá, e pode dar-nos num instante aquilo de que precisamos». O trabalho e os problemas do dia continuarão, mas permaneceremos em paz. Edith escreve:

> «E quando a noite vier, e um olhar retrospectivo nos mostrar que tudo aquilo foi uma malha de muitos fios e que muito do que se pretendia não se realizou, quando tantas coisas nos causarem vergonha ou arrependimento, pega em tuas mãos tudo do jeito que estiver, põe-no nas mãos de Deus e oferece-lho. Dessa forma, poderemos descansar nEle, descansar verdadeiramente, e começar o novo dia como se fosse uma nova vida».

A mulher que segue esses ritmos naturais de oração, trabalho e descanso será recompensada com uma paz duradoura, diz Edith. Ela encontrará em Jesus um refúgio digno da sua ânsia feminina de perder-se no amor:

> «A entrega a que a natureza feminina tende é aqui apropriada; por outro lado, também encontramos

aqui o amor absoluto e a entrega que procuramos em vão nas pessoas. E essa autoentrega a Jesus não nos torna cegas e surdas às necessidades dos outros – muito pelo contrário. Agora buscamos a imagem de Deus em cada ser humano e queremos, acima de tudo, ajudar cada pessoa a atingir a liberdade».

A maternidade espiritual genuína reside em levar os outros à liberdade, e não à dependência; em dar, e não em receber. Mas uma mulher não pode dar aquilo que ela própria não possui. Somente na união de amor com Deus ela pode encontrar a força e a generosidade de que precisa para ser uma verdadeira mãe espiritual. A necessidade que ela sente do amor de Deus não é uma fraqueza, diz Edith. É a sua maior força: «O valor intrínseco da mulher consiste essencialmente na sua excepcional receptividade à ação de Deus na alma».

Vislumbrando a maternidade espiritual

As percepções de Edith ressoaram profundamente na minha alma, abrindo os meus olhos para verdades que eu intuíra por anos, porém nunca formulara com palavras. Achei-as especialmente úteis para a compreensão dos meus desejos maternos e da minha tristeza com a infertilidade. Finalmente eu havia encontrado alguém que levava a sério o meu desespero por conceber uma criança no meu ventre, que via a minha ânsia pela maternidade biológica como um reflexo previsível do modo como Deus me criara, física e espiritualmente. As observações dela sobre a ligação íntima entre o corpo e a alma feminina ajudaram-me a entender por que eu tinha mais dificuldade do que John em ignorar ou isolar os nossos problemas de fertilidade. Meus ciclos mensais e as mudanças sutis que percebia no meu corpo ao longo de todo o mês mantinham-me continuamente consciente do fato de que não estava grávida.

Do mesmo modo que as opiniões de Edith legitimavam o meu sofrimento, elas me desafiavam a repensar a minha fixação na gravidez. Se a maternidade vem mais do coração do que do útero, eu precisava parar de esperar por um bebê para usar os meus dons maternos. Eu precisava começar a reconhecer as oportunidades que já tinha de alimentar o crescimento dos outros, de defender os vulneráveis e de fazer do mundo um lugar mais cheio de amor e mais humano.

A expectativa me amedrontava. Desde que John e eu recebêramos a nossa primeira dose de más notícias da clínica, eu ficava dividida entre o lamento pela minha maternidade improvável e a luta por suprimir esses desejos. Minha frustração com a nossa falha em conceber levou-me muitas vezes a negligenciar a oração e a procurar compensações nos excessos de que Edith nos recomenda evitar: a superficialidade, a cobiça e a busca do prestígio.

Meus escapes tomavam formas sutis. Às vezes eu passava semanas nutrindo uma fixação no meu peso e nas minhas roupas, decidindo com amargura que, se o meu corpo não podia produzir filhos, então ele deveria manter-se mais magro, atraente e belo do que todos os outros corpos mais férteis. Imergia-me também em planos de viagem luxuosos, concluindo que, se iam tachar-nos de riquinhos materialistas sem interesse em crianças, então seria melhor mergulharmos de cabeça nesse estilo de vida. Por vezes, eu abraçava uma avalanche de trabalho, não com o senso de dever e equilíbrio elogiado por Edith, mas com a intenção explícita de trabalhar além da conta, acumulando elogios e aplausos, de modo que fosse possível disfarçar a dor de não poder ser mãe – ou qualquer outro sentimento, na verdade. Porém, nenhuma das minhas fugas durava muito tempo, e eu sempre acabava onde tinha começado, chorando no banheiro com um teste de gravidez na mão.

As estratégias sugeridas por Edith para lidar com as provações faziam mais sentido. Eu sabia por experiência própria que focar no trabalho ajudava quando eu me achava atolada na autopiedade, contanto que conseguisse manter o equilíbrio correto entre oração, trabalho e descanso que ela propunha. Os sacramentos foram para mim uma fonte de força durante anos, mas as sugestões concretas de Edith acerca da oração lembravam-me de ir conversar com Jesus durante o dia da mesma forma que eu conversava com John. A precaução que ela recomendava com os falsos ídolos impressionou-me grandemente, mostrando-me que o filho que tanto desejava se tornara ele próprio um ídolo.

Comecei a procurar oportunidades para exercitar a minha maternidade espiritual. E não tive de procurar muito longe. O maior envolvimento que passei a ter no tratamento do meu pai desde que retornara de Washington fez com que eu praticasse muito a paciência e o carinho. Finalmente entendi a fonte de satisfação que me preenchia toda vez que segurava a mão do meu pai quando ele vacilava ao andar, toda vez que penteava o seu cabelo ralo quando ele se esquecia disso, toda vez que o incentivava enquanto ele lia para mim pela milésima vez alguma passagem da Escritura numa página do livro de orações que se esquecera de virar. Por tanto tempo eu presumira que cuidar do meu pai nada tinha a ver com os meus instintos maternais, muito embora me sentisse mais realizada quando o visitava. Agora eu percebia que, enquanto lhe dava atenção, ele me proporcionava uma experiência da maternidade.

A minha descoberta de Edith inspirou-me a abordar a substância do meu trabalho de maneira diferente também. O modo como ela descrevia a visão «mais pessoal e abrangente» da mulher deu-me uma nova perspectiva do meu desejo de tornar os meus escritos mais pessoais, do meu desejo de integrar trabalho e fé de forma mais completa, e do meu desejo de fomentar o crescimento dos meus leitores, em vez de simplesmente ganhar debates. Eu havia tentado eliminar esse desejo antes, temendo que um caráter mais pessoal e criativo na minha obra me tornasse mais vulnerável à crítica. Ler Edith foi o que me encorajou e me fez reconsiderar. Talvez o impulso de gerar fruto que eu não conseguia satisfazer no plano físico pudesse derramar-se nos meus trabalhos, e assim eles se tornariam mais aguçados, profundos e reais. Talvez eu pudesse permitir a mim mesma uma abertura maior a respeito de quem eu era e em que acreditava, e que me tornasse verdadeiramente maternal na minha disposição de doar-me aos outros mesmo que custasse.

Buscar os sinais da maternidade espiritual em mim mesma fez-me começar a perceber esse dom em outras mulheres também. Eu o via na minha amiga Judy, uma professora solteira de teologia num colégio católico na

Filadélfia, que doava o seu tempo, o seu aconselhamento e as suas orações sem reservas às suas alunas e ex-alunas, que ela amava como filhas. Via-o na minha amiga Marisa, cuja paixão pela pregação do Evangelho e pela defesa dos mais vulneráveis a fizera juntar-se às Irmãs da Vida, uma pequena e crescente ordem religiosa sediada em Nova York, cujas irmãs viviam na simplicidade enquanto cuidavam solicitamente, como mães, de moças grávidas e dos seus filhos que não tinham para onde ir. Via-o até mesmo em estranhas, como no caso de duas mulheres que vi certa vez do lado de fora do Santuário do Santíssimo Sacramento, em Hanceville, no estado do Alabama, onde se via um corpo sangrento de Cristo em tamanho real pendurado na cruz. Muitos peregrinos passaram na frente dessa cruz, mas, quando aquelas duas mulheres o viram, levaram as mãos à boca e ficaram lá paradas chorando silenciosamente por quase meia hora. Vendo-as acariciar gentilmente as feridas de porcelana e dizer baixinho para Jesus que queriam poder tomar para si a sua dor, compreendi afinal a impressionante beleza do pranto das mulheres que lhe fizeram companhia no Calvário.

Dentre as mulheres mais próximas de mim, via a maternidade espiritual na minha própria mãe, que carregava a maior parte do pesado fardo de cuidar do meu pai. Desde o diagnóstico do Alzheimer uma década antes, ele passara a ser mais uma criança do que um marido para ela. Mamãe dava-lhe banho, levava-o ao banheiro, arrumava as suas bagunças, alimentava-o e rezava com ele – tudo isso enquanto encarava um emprego em tempo integral para sustentá-lo. Ela se apoiava em Jesus para conseguir enfrentar os seus dias exaustivos e deixava esta mensagem presa no espelho para pôr o seu fardo na devida proporção: «Hoje, um pouco de trabalho. Amanhã, o descanso eterno».

O fardo da minha mãe estava dando frutos, mais do que ela percebia. Amigos e conhecidos frequentemente vinham dizer-me o quanto eles haviam aprendido sobre o amor pela observação do cuidado solícito e meticuloso que ela tinha com papai. Eu também havia aprendido muito. Vendo-a convencer gentilmente o meu pai a comer a salada, rir com ele de qualquer coisa que lhe prendesse a atenção, ou pô-lo para dormir à noite enquanto recitava a sua oração ao anjo da guarda favorita da infância, dei-me conta de que a maternidade espiritual não é, em nenhum sentido, inferior à maternidade biológica. É um canal poderoso do amor de Deus num mundo que carece tanto dele, e mais poderoso ainda quando surge de provações que não escolhemos.

«Faça-me um bebê»

Nenhuma dessas lições eliminou a dor da minha infertilidade. Dois anos após começarmos a tentar engravidar, ainda me doía mais do que nunca a minha incapacidade de engravidar, e eu me sentia frustrada ao ver que não parecíamos mais próximos de atingir o nosso objetivo ou de entender as causas do nosso fracasso. Nossa busca por respostas mais claras começou a levar-nos para além do domínio dos médicos católicos e promotores do planejamento familiar natural que consultáramos a princípio, fazendo-nos chegar ao mundo sem limites dos especialistas seculares em fertilidade, que fazem a fertilização *in vitro* (FIV) como algo de praxe. Não tínhamos a intenção de desrespeitar a doutrina da Igreja, como deixávamos claro a cada novo médico que nos atendia, mas também não acreditávamos que a nossa fé nos obrigava a marcar consulta somente com profissionais que tivessem retratos do Papa em seus escritórios e encíclicas papais enfiadas nos manuais.

O abismo que havia entre os dois ambientes era estarrecedor. As clínicas de fertilização que visitamos eram o oposto dos consultórios de planejamento familiar natural que conhecêramos: elas eram grandes, hipereficientes e repletas de pacientes dispostos a gastar tudo o que tinham e fazer tudo o que fosse preciso para conceber. Eu me sentia uma mulher medieval deslocada naqueles saguões luxuosos, recusando-me até mesmo a discutir a possibilidade da FIV com médicos que a propõem como solução-padrão para qualquer problema de fertilidade, e tentando disfarçar o choque ao ver mulheres que pareciam ter a idade da minha mãe entrando com o mesmo olhar desesperado e buscando a mesma chance de conceber que eu desejava. Eu não conhecia as suas histórias; talvez elas já estivessem naquele processo terrível havia bem mais tempo do que eu. Mas ainda me sentia irritada ao pensar que as suas chances de conceber poderiam ser maiores do que as minhas, uma vez que elas teriam acesso a tratamentos que eu, como católica obediente, jamais poderia experimentar.

Certa vez, sentada no corredor de uma dessas clínicas, vi uma mulher de ascendência asiática já com seus trinta e tantos anos aproximar-se de um dos médicos. Ele a parabenizou pelo bebê que trazia num carrinho – um bebê loiro de olhos azuis que não se parecia em nada com ela, possivelmente devido ao uso de óvulos doados – e ela agradeceu pelos elogios. Então, ela lhe disse que retornara para vê-lo porque, como dizia, «está na hora de você me fazer outro bebê».

Suas palavras causaram-me repulsa. Pensei: Mas não é Deus o autor da vida? Não é errado pensar num bebê como se fosse um produto a ser manufaturado de acordo com as nossas especificações e necessidades, em vez de ser um dom recebido das mãos do Criador? Eu podia imaginar a resposta daquela mulher, porque no meu íntimo eu já dissera a mesma coisa: «Já dei uma chance a Deus. Agora é hora de eu e os médicos fazermos acontecer, quer Deus goste, quer não».

Eu sabia que essa visão gananciosa do que é um filho entrava em conflito direto com os meus valores mais profundos e a minha consciência crescente do que realmente significa ser mãe. Mesmo assim, ressentia-me dos limites que o ensinamento católico impunha a mim e John. Eu sabia que multidões de católicos simplesmente ignoravam esses limites, e eu mesma já ouvira de um padre no confessionário que eu deveria fazer o mesmo. Sabia que não seria muito prudente confiar nesse conselho pouco ortodoxo, mesmo que tivesse vindo depois de uma peregrinação que eu e John fizéramos para pedir um filho a Deus.

Às vezes, porém, eu me sentia ingênua. Lá estava eu tentando honrar tanto as minhas convicções católicas e os meus instintos maternos, e era achincalhada de todos os lados: católicos tradicionalistas que olhavam para a infertilidade com desaprovação e não aceitavam quase nenhum tratamento que fosse além da recitação do rosário; médicos seculares que olhavam para as minhas crenças religiosas com um espanto que quase chegava ao desprezo; amigos e parentes diversos que, nunca havendo passado pela experiência da infertilidade, não entendiam por que não desistíamos logo de toda aquela enrolação médica e adotávamos uma criança, como se a adoção fosse uma panaceia para a dor da infertilidade, uma escolha fácil e automática para todo casal infértil. Eu reconhecia que a adoção era uma vocação generosa que havia construído famílias maravilhosas e sabia que Deus poderia vir a chamar-nos à adoção algum dia. Mas era só assim que eu a via: um chamado que nem todo casal recebe e que exige um processo de discernimento diferente. Por que pessoas que sempre puderam alegrar-se com os seus próprios filhos biológicos e nunca tiveram de considerar a necessidade da adoção arrogavam-se o direito de condenar casais inférteis como nós por sentirmos o mesmo desejo natural de reprodução que eles sentiam, e por direcionar as nossas forças para a realização desse desejo, mesmo ao nos depararmos com obstáculos sérios?

Quando o ressentimento ameaçava me dominar, eu tentava me lembrar da sabedoria da bioética católica e de como os ensinamentos da Igreja sobre o amor, sexo, casamento e paternidade encaixavam-se perfeitamente num todo harmônico. A insistência da Igreja em que os cônjuges permaneçam abertos à vida em cada ato sexual relembra-os de que o seu amor é mais do que simples autogratificação; é um reflexo no mundo da generosidade e da abundância do próprio Deus. Sabia que a recusa da Igreja em permitir tratamentos de fertilidade que rompem o laço entre o sexo e a geração testifica uma verdade semelhante: a de que as crianças não são produtos manufaturados, mas sim dons que se concebem. O ensinamento católico diz que casais de cônjuges podem usar somente tratamentos que auxiliem, e não que substituam, a função da união sexual na geração de uma nova vida no útero. Aplicar corretamente esse princípio requer um pouco de pesquisa, e eu e John descobrimos que o Centro Nacional de Bioética Católica é uma fonte confiável de respostas atuais, cientificamente precisas e ortodoxas sobre o que a Igreja permite, e o que é proscrito. Mas a FIV é algo que claramente passa dos limites, já que envolve a concepção de um embrião *in vitro* – literalmente, no vidro – em vez de no útero materno.

Eu conhecia bem as consequências sociais da transgressão dos limites impostos pela Igreja a tratamentos de fertilidade. Estudava, escrevia e falava sobre isso o tempo todo. Tecnologias reprodutivas que começaram como um meio de aliviar o sofrimento de adultos inférteis haviam promovido a objetificação crescente dos filhos ainda não nascidos. Geram-se no processo os ditos «embriões de sobra» em clínicas de FIV, usados posteriormente por cientistas como material de pesquisa descartável. Há também as crianças produzidas com óvulos e esperma de doadores em úteros de terceiras, muitas vezes trazidas ao mundo em famílias intencionalmente desprovidas de pai ou mãe sem jamais terem a oportunidade de conhecer seus pais biológicos. Diferente de órfãos ou crianças adotadas, esses «bebês de doadores» têm de viver sabendo que os mesmos pais que os criaram foram aqueles que os trouxeram ao mundo propositalmente de um modo que virtualmente garantisse que jamais conheceriam seus pais biológicos.

Também existem histórias bizarras sobre o «admirável mundo novo» da reprodução assistida que surgem diariamente: casos de sexagenários dando à luz trigêmeos; mulheres servindo de barriga de aluguel para os seus próprios netos; pais que usam exames pré-natais para exterminar embriões defeituosos e fetos indesejados – incluindo meninas quando desejam meninos, e vice-versa; pais que encomendam *designer babies* ou «irmãos salvadores» com o objetivo expresso de usar seus tecidos ou órgãos para salvar irmãos mais velhos.

O papel que a FIV desempenhou na abertura das portas a todos esses excessos incomodava-me, e o seu papel na criação de linhas de pesquisa destruidoras de embriões incomodava-me mais ainda. A visão, inspirada pela FIV, de que o embrião humano é um produto, e a demanda crescente por mais embriões descartáveis do que as clínicas podem suprir motivaram o início de experimentos de clonagem entre pesquisadores que pretendem manufaturar um suprimento inacabável de seres humanos nascituros explicitamente para tal propósito. Proponentes desses experimentos de clonagem e matança desconsideram as objeções do público geral sob o argumento de que os embriões envolvidos não são verdadeiros clones humanos, pois seriam destruídos muito antes de poderem ser implantados em úteros e se tornarem bebês «de verdade».

Eu sabia tudo sobre esse tipo de pesquisa porque interesses bem financiados no meu próprio estado haviam proposto recentemente um projeto de lei que o tornasse um direito constitucional. Horrorizada pelas suas campanhas publicitárias falaciosas, havia-me oposto vocalmente à iniciativa, tanto na mídia local como na nacional.

Sabia que não podia separar a minha oposição à criação de embriões humanos em laboratório para pesquisa, da minha oposição à criação de embriões humanos para a reprodução. Se um procedimento contrariava a dignidade intrínseca da pessoa humana, o outro também ia de encontro a ela. Eu seria uma hipócrita se condenasse um publicamente enquanto praticasse o outro privadamente.

Todo o meu conhecimento, no entanto, levava-me apenas a essa conclusão. Como a visão da maternidade que eu encontrara nos escritos de Edith, a sabedoria da bioética católica que me acalentava o coração ainda deixava-me com o problema de um útero vazio.

Certo dia de inverno no início de 2007, o problema levou-nos a consultar um novo médico, um especialista em fertilidade altamente recomendado de um hospital católico local. John explicara à recepcionista, ao fazer o nosso agendamento, que não tínhamos nenhum interesse em FIV, e ela lhe garantiu que não se tocaria no assunto.

Mas o assunto surgiu. Após uma breve análise da nossa ficha médica repleta de resultados de exame conflitantes e teorias contraditórias sobre a nossa infertilidade essencialmente inexplicável, o médico começou a bancar o vendedor e a empurrar a técnica, dizendo-nos como éramos candidatos perfeitos para a FIV. Quando o relembrei de que já havíamos excluído a possibilidade de FIV por motivos religiosos, ele começou a confrontar-me, crivando-me de perguntas acerca das minhas objeções morais e ridicularizando-me pelas minhas crenças arcaicas. Ao final da consulta, o médico já passara a gritar comigo, prevendo que jamais – e enfatizando que *jamais* – conceberíamos sem fazer uso de FIV.

John e eu voltamos ao estacionamento pisando firme. Abismada e ainda alterada pela falta de educação do médico, ainda tentava compreender o que tinha ouvido. Era mesmo verdade? Teria eu chegado ao ponto de ter apenas FIV como opção? Naquela noite, fui até o escritório e comecei a conversar com John sobre o que acontecera. No início, tecemos acaloradas críticas ao comportamento e à arrogância daquele médico. Pouco tempo depois, no entanto, já estávamos lamentando todo o nosso calvário: a injustiça da infertilidade, a falta de sensibilidade daqueles que nos recriminavam por ainda não havermos conseguido um filho, as nossas tentativas com tratamentos de fertilidade permitidos pela Igreja só para vê-los falhar. Seria a FIV tão diferente assim, depois de tudo por que passáramos? Valeria a pena comprometermo-nos a seguir um ensinamento religioso pouco popular e amplamente ignorado, se isso significasse o sacrifício da nossa única chance de ter um filho biológico?

Já tínhamos falado dessas frustrações antes. Quando eu ficava rabugenta, John me lembrava de que ainda havia esperança, e de que Deus abençoaria a nossa decisão de obedecer-lhe. Quando John resmungava, eu lhe dizia o mesmo. Daquela vez, entretanto, nenhum de nós agiu como advogado de Deus. Arrastamo-nos pelos cantos reclamando, e então caímos num silêncio perturbador, deixando no ar aquilo que, pela primeira vez, contemplávamos seriamente.

Na manhã seguinte, levantei-me cedo e fui caminhar no nosso bairro, que havíamos escolhido justamente por ser um bom ambiente familiar. A cada balanço ou carrinho que eu via, pensava em como a minha vida mudaria se experimentássemos a FIV. Após anos de espera, eu finalmente teria o meu bebê, um filho que fosse parte de mim e do homem que eu amava. Poderia finalmente pôr fim às minhas infindáveis visitas a clínicas de fertilização, à loteria da concepção em que apostava todo mês só para terminar cada ciclo em lágrimas, à humilhação de desculpar-me pela minha infertilidade em toda parte. Eu poderia ficar de pé na igreja para a bênção do Dia das Mães em vez de encolher-me no meu banco, envergonhada e com um nó na garganta. Eu poderia enviar anúncios da minha gravidez e cartões de natal com fotos da família, em vez de sentir vontade de chorar sempre que chegassem cartões de outras famílias à minha porta. Eu sentiria a emoção de ver um sinal positivo no visor do teste de gravidez, um pezinho chutando dentro do ventre, a doce sensação de aquecer um recém-nascido choroso nos braços e dar-lhe de mamar. Provaria com John a alegria de nos reconhecermos numa criança que apresentasse traços e características familiares, de envelhecermos cercados de uma família criada por nós e de conhecer o gosto da imortalidade que vem da descendência que deixamos no mundo. Seria mãe afinal, e ninguém precisaria saber por que meios.

Sentia um arrepio conforme passava pela frente da creche que eu via toda manhã, aquela que me fazia pensar que podia trabalhar de casa se não tivesse filhos de que cuidar em casa. A brisa que me agitava os cabelos parecia mais fria do que quando saíra de casa. Reparei numa placa meio apagada, atrás de uma pilha de folhas secas do outro lado da rua, que dizia «não» à emenda pela liberação da clonagem que fora aceita no outono anterior.

Comecei a pensar em todas as outras mudanças que ocorreriam se eu e John usássemos FIV.

Eu já havia tido certas premonições a respeito disso naquele silêncio desconfortável que descera sobre nós ao terminarmos a nossa conversa da noite anterior. Embora a gravidez estivesse ao meu alcance com a FIV, ela viria à custa da profunda paz que até então preenchera a minha vida e o meu casamento em meio às mais tempestuosas provações, a paz de viver em harmonia com John, com a minha consciência e com o que cria que Deus queria de mim.

Eu sabia que Deus me perdoaria se optasse pela FIV. Sabia que, se me permitisse conceber um bebê por FIV, Ele amaria aquela criança tanto quanto se fosse concebida de acordo com o seu plano. Mas também sabia que o meu relacionamento com Ele nunca mais seria o mesmo, se fizesse propositadamente uma escolha tão fundamental contra aquilo que Ele queria para mim. Eu suspeitava que a presença de uma criança concebida por FIV sempre carregaria um tom de tristeza para mim, uma vez que seria um lembrete de que, em certa conjuntura crítica da minha vida, eu havia escolhido priorizar a minha necessidade de tomar as rédeas da situação em vez de confiar em Deus.

Pensei novamente naquela mulher da clínica que pedia ao médico que lhe fizesse outro bebê. Como ela poderia ver o filho como uma pessoa que existe por si mesma e não por vontade dela, se ela havia encomendado a criação dele para atender às suas necessidades e ao seu planejamento de vida? Talvez ela pudesse equilibrar essas duas ideias em estado de tensão: por um lado, um filho propositadamente encomendado e fabricado como produto;

por outro, uma bênção imerecida. Da minha parte, sabia que eu não conseguiria lidar com essa tensão. Tinha de escolher entre as alternativas disponíveis. Se o meu sonho de ser mãe se apoiasse na minha crença de que uma criança no ventre materno jamais deve ser tratada como uma mera escolha a ser posta em prática ou abortada ao sabor das circunstâncias, eu correria o risco de nunca conseguir engravidar; mas eu poderia pôr esse risco nas mãos de Deus, confiante de que, quaisquer que fossem os filhos que Ele viesse a me conceder – biológicos, adotivos ou espirituais –, eu os abraçaria de consciência limpa e de coração aberto, sabendo que pertencem a Ele, e não a mim.

Tomei novo ânimo quando virei a esquina voltando para casa. Quando cheguei, encontrei John sentado à sua mesa com a cara mais animada e tranquila que havia visto nas últimas semanas. Ele rezara com os versículos bíblicos do seu livro de orações naquela manhã e chegara à mesma conclusão que eu. Ou conceberíamos uma criança de maneira consoante com as nossas convicções, ou não conceberíamos de forma alguma. Continuaríamos a buscar auxílio especializado, mas a FIV estava fora de questão, não importando o que os médicos dissessem.

«Deus cuidará de nós», John cochichou no meu ouvido quando nos abraçamos, e eu sabia que era verdade.

Aos olhos de Deus

O tempo ainda estava frio na manhã de maio em que me encontrava caminhando por um estacionamento no norte de Wisconsin, tentando achar um lugar debaixo daquele céu acinzentado onde recuperasse o sinal do celular. Minha mãe e eu estávamos viajando juntas, e havíamos parado no caminho de volta da nossa visita à casa de repouso em Green Bay em que a minha avó morava. Uma estrada sinuosa em direção ao sul havia nos trazido até o Convento Carmelita do Santo Nome de Jesus, construção de estilo espanhol gentilmente alocada nas colinas próximas às margens do Lago Michigan. Estava ansiosa para espiar o lado de dentro da capela, mas primeiro queria checar as mensagens que recebera enquanto dirigia com o celular fora de área.

Finalmente achei um lugar em que havia um pouco de sinal e ouvi a voz frenética de uma produtora da Fox News que recentemente me adicionara à sua lista de comentaristas disponíveis para entrevistas ao vivo. Ela disse que estava planejando uma sequência de debates sobre um assunto proeminente nas notícias daquele dia, algo que tinha tudo a ver com a minha especialidade. Disse também que poderia encontrar um estúdio de TV perto de onde quer que eu estivesse, contanto que eu disponibilizasse cerca de uma hora do meu dia para uma transmissão ao vivo. Ela precisava de uma resposta o quanto antes. Eu toparia?

Parei por um instante, tentando imaginar como conseguiria espremer aquele compromisso na minha agenda do fim de semana, e então achei melhor ligar de volta para recusar o pedido educadamente. «Estarei indisponível o fim de semana todo», disse-lhe quando me perguntou se estaria livre no dia seguinte. «Assuntos de família.»

Ao desligar, respirei fundo aquele ar puro da região rural que nos rodeava. Pensei como essas decisões eram bem mais fáceis agora. Eu ainda tinha dificuldade, às vezes, em manter o meu lado ambicioso sob controle, mas tinha progredido muito de onde começara anos atrás, quando a simples ideia de fazer pequenos sacrifícios na carreira já me deixava aflita. Estava maravilhada com a sutileza com que Deus influenciava as nossas almas, um dia e uma tribulação de cada vez. Ele alivia os extremos tão devagar e sutilmente que não percebemos o quanto mudamos até chegarmos ao próximo problema. Eu me perguntava que outras mudanças Deus estaria operando na minha alma naquele momento, mesmo sem enxergar sinais claros de progresso.

Tremendo de frio ao perceber que havia esquecido a minha blusa no carro, apertei o passo até o arco de entrada da igreja. Analisando a fachada ocre de tijolos e os contornos discretos dos vitrais, achei-a um tanto estoica, e até mesmo fria, em meio àquela paisagem rural tão austera.

Mudei de opinião assim que entrei. Mal havia posto os pés no ambiente aconchegante do santuário, vi um trio de vitrais enormes em frente, com imagens de três das minhas santas favoritas. No centro estava Teresa de Ávila segurando uma pequena réplica de um dos mosteiros carmelitas que fundara e um pergaminho em que se via o seu conhecido mote: «Só Deus basta». À minha direita estava Teresa de Lisieux segurando uma imagem do Cristo sofredor em meio a rosas, ao lado de um pergaminho com as suas famosas palavras: «No coração da Igreja serei o amor». À minha esquerda via Edith – Teresa Benedita da Cruz – com uma coroa de espinhos na cabeça segurando uma estrela de Davi com um pergaminho que dizia: «O amor será a nossa vida eterna».

Iluminadas pelos raios de sol que as trespassavam, as três silhuetas brilhavam em glória, como se tivessem sido acesas pelo próprio amor de Deus. Ali estavam as minhas três heroínas, as minhas padroeiras, as minhas amigas. Exceto por Maria, a Mãe de Jesus, não havia outras três mulheres que eu admirasse mais. E foi então que um pensamento me atingiu com súbita força: nenhuma das três tivera filhos biológicos. Nenhuma delas fora mãe da maneira convencional, com o tipo de maternidade que antes eu achava necessário para que eu pudesse ser contada entre as mães da Igreja e do mundo. E, no entanto, lá estavam elas, radiantes em sua santidade e amadas por incontáveis filhos espirituais em todo o mundo, eu mesma inclusa. Cada qual havia cumprido, do seu próprio jeito, o que Edith descrevera como a vocação mais elevada da maternidade: acalentar a centelha da vida divina que há dentro da alma do outro.

Ao admirar os vitrais, percebi que o modo como aquelas mulheres olhavam para mim naquele instante, com um olhar que procede de dentro da Igreja, era o modo como Deus as via o tempo todo. Quando olha para essas suas filhas, Ele vê beleza, e não esterilidade. Deus não lamentou os seus ventres vazios; Ele celebrou os seus corações maternais. Alegrou-se por elas haverem deixado que Ele usasse os seus corações da maneira misteriosa que lhe é própria.

Soube naquele momento que Deus queria fazer o mesmo comigo – e que Ele podia fazer o mesmo, se eu permitisse. Ele podia fazer de mim uma mãe; podia até fazer de mim uma santa – e nenhuma dessas coisas requereria que eu engravidasse. Ele só precisava da minha cooperação, da minha disposição a trocar os meus sonhos e planos pessoais de maternidade pelo plano dEle.

Eu não sabia se podia dar-lhe o que Ele queria. A dor da minha infertilidade ainda me assolava às vezes. Mas sentia que, se eu o fizesse – se continuasse seguindo, passo a passo, o caminho que Ele indicava – frutificaria mais abundantemente do que podia imaginar.

5
As trevas

Em janeiro de 2008, no aniversário de doze anos do diagnóstico de Alzheimer do meu pai, John e eu saímos para uma caminhada matinal debaixo do céu cinzento do nosso bairro nos subúrbios de Saint Louis. As ruas estavam secas e sem folhas, mas, a cada esquina que dobrávamos, as árvores nuas e a grama amarelada lembravam-nos de que o inverno ainda demoraria a passar.

«Papai está piorando», disse para John ao som dos nossos calçados esmigalhando os grãos de sal espalhados por causa da última nevasca. «Ele mal consegue caminhar alguns metros sem ter de parar para descansar. Está com muita dificuldade para encontrar as palavras que deseja. Um dia desses, não consegui nem levá-lo até o banheiro a tempo e ele teve outro acidente no corredor. Acho que ele já entrou em outro estágio da doença».

John assentia enquanto eu falava. Ele também tinha

percebido as mudanças. Como médico recentemente decidido a se especializar em geriatria – uma escolha inspirada em grande parte pelo meu pai –, ele sabia muito bem o que alguém em estágio avançado de Alzheimer poderia esperar.

Eu também sabia. Alguns anos antes, eu havia procurado uma tabela online que resumia os sete estágios da doença. Bati os olhos na lista de sintomas dos cinco primeiros estágios – queda de rendimento no trabalho, confusão nas finanças, escolhas inapropriadas de vestuário – e pensei: «Vamos conseguir lidar com isso; já estamos lidando com isso». O sexto estágio, que incluía incontinência ocasional, abalou-me um pouco. Mas foi a descrição do sétimo estágio que realmente me amedrontou. Dizia: «Habilidade discursiva declina até restarem meia dúzia de palavras inteligíveis. Em muitos casos, não há nenhuma fala – somente grunhidos. Incontinência urinária. Perda progressiva da capacidade de andar, de sentar-se ereto, de sorrir e de levantar a cabeça. O cérebro parece não conseguir mais comandar o corpo».

Meus olhos encheram-se de lágrimas ao ler aquelas palavras e imaginei os pacientes de demência que eu vira na casa de repouso da minha avó, presos em cadeiras de rodas e com olhares inexpressivos. Cliquei rapidamente na tabela e a salvei, mas sem pretender lê-la novamente tão cedo. «Meu Deus», pensei, «por favor não deixe que isso aconteça com papai».

Pouco depois de ter descoberto essa lista, no início de 2006, papai entrou no sexto estágio – e, consequentemente, numa casa de repouso. A mudança foi muito dolorosa para a minha mãe, que conciliara os cuidados com ele e um emprego em período integral durante uma década, até que as suas necessidades finalmente se tornaram maiores e mais numerosas do que ela podia suportar.

A adaptação do meu pai à vida no asilo foi difícil. Ele não parecia entender que não morava mais em casa – as longas visitas da minha mãe haviam-no convencido de que ainda moravam juntos –, mas percebia quando a pessoa que o banhava e o trocava não era a sua esposa. Os colegas de quarto barulhentos e a equipe de ajudantes mal treinados e sobrecarregados em constante mudança também não ajudaram muito. A maioria dos cuidadores confundia a sua demência com surdez, gritando-lhe ordens quando ele não obedecia aos comandos verbais. Alguns sequer lhe dirigiam a palavra, presumindo, como ouvi uma vez um deles dizer ao deixar o quarto, que criar um ambiente agradável para o meu pai «não é importante, porque ele nem sabe onde está».

Por mais desorientado que estivesse, ele sofria muito com esse desprezo. Muitas vezes eu o encontrava sentado na sala de enfermagem tentando desesperadamente conversar com os ajudantes que passavam por ele em silêncio, ou resmungando sobre os «bestas» que o haviam ignorado o dia todo. Certa vez a minha mãe o encontrou sozinho no refeitório com as mãos na cabeça implorando a João Paulo II que lhe enviasse alguma ajuda do céu. «Eu estava confuso e assustado», ele me disse alguns minutos depois. «Não sabia o que estava acontecendo».

Mamãe e eu pensamos em transferi-lo para outro lar, mas as outras opções pareciam piores. Bolamos, então, um sistema que sempre garantiria a presença de uma de nós para pô-lo na cama à noite e nos certificarmos de que as suas necessidades de alimento, exercício e cuidados no banheiro fossem atendidas antes de ele deitar. Geralmente era mamãe quem se encarregava. Pelo menos uma vez por semana era eu.

Embora as minhas visitas geralmente alegrassem a nós dois, parar naquele estacionamento sempre me enchia de nervosismo. Eu nunca sabia o que me aguardava lá dentro. Podia ser um bom dia, com papai sorridente e feliz inclinando-se para me abraçar assim que eu aparecia. Ou podia ser um dia ruim, como quando encontrei-o sozinho e assustado no quarto, com a calça encharcada de urina escorrendo até os pés e pedindo ajuda em um corredor por onde passavam dezenas de ajudantes sem parar para socorrê-lo.

Tais cenas eram ocorrências comuns no início de 2008, o que me levou a desabafar as minhas aflições com John naquela manhã de janeiro.

– Não sei mais o que pedir por papai na oração – eu dizia olhando para os galhos retorcidos que zuniam com o vento. – Toda semana há mais notícias ruins. É como a infertilidade. Sinto como se estivesse vivendo num limbo, sempre esperando por alguém. Estou esperando por um bebê ou por algum médico que nos diga que ele nunca virá, esperando que o meu pai...

Respirei fundo, franzindo o cenho ao sentir o ar gelado adentrar os meus pulmões.

– Não que eu queira que ele morra – disse eu. – Só quero que o sofrimento dele acabe. Ou talvez eu queira que o meu sofrimento acabe. Às vezes parece que isso vai continuar por outros doze anos.

John olhava fixamente para o chão enquanto caminhávamos.

— Ele não vai viver outros doze anos — disse ele.
— Eu sei; provavelmente serão só mais alguns anos, mas...
— Ele só tem mais um ano pela frente.

Parei e me voltei para John. Podia ouvir o meu coração bater ao ver os seus olhos encontrando-se com os meus.

— Como assim? Onde você ouviu isso?
— Da sua mãe. Ela perguntou à médica do seu pai algumas semanas atrás quanto tempo ele ainda tinha de vida, e ela disse que tinha mais um ano. Sua mãe não estava muito convencida daquilo, por isso não lhe contou.

— Um ano? — senti uma mistura de alívio com pânico ao repetir aquelas palavras. — Só um ano? Mas ainda está tão saudável... Você realmente acha isso?

— Parece correto.

Lembrei-me subitamente de que aquela era a minha noite de pôr papai para dormir. Vinha reclamando internamente havia dias, pensando estar muito ocupada para lidar com o meu pai doente. Agora, sentia-me culpada e desesperada para vê-lo.

Quando entrei no quarto aquela noite, vi papai sentado com as mãos cruzadas, como se estivesse esperando por mim. Chamou para que me sentasse ao seu lado. Entre mordidas cuidadosas do sanduíche de manteiga de amendoim com geleia que eu lhe havia trazido, ele compartilhou comigo algo que lhe ocupava a cabeça.

— Às vezes, temos de esperar pelas pessoas — disse ele no tom de voz baixinho que reservava para as declarações mais importantes. — Mas, enquanto esperamos, tornamo-nos melhores.

Senti uma onda repentina de amor e de tristeza. Papai sempre parecia saber o que me afligia, e o que eu tinha de ouvir. Perguntei-lhe se queria fazer uma caminhada comigo.

– Quero ir para onde Deus quer que eu vá.

Caminhamos lentamente pelos corredores, e eu olhava de lado para ele furtivamente, tentando imaginá-lo morrendo dentro de um ano. Parecia-me impossível. Ele sempre me parecera tão imponente – com a sua constituição robusta, peitoral proeminente, braços de Popeye que fizeram com que participasse do torneio de boxe na época da faculdade. Isso fora sessenta anos antes – antes da idade avançada e do Alzheimer. Seus braços pareciam mais finos agora, seus cabelos grisalhos haviam-se esbranquiçado totalmente – quando exatamente aquilo acontecera? Ele ainda exibia uma silhueta impressionante passeando por aqueles corredores, embora precisasse parar mais do que antes. Senti um nó na garganta ao constatar: ele está se esvaindo.

Voltamos para o quarto, ajudei-o a ir ao banheiro e o pus na cama. Papai acariciou o meu cabelo e olhou nos meus olhos por algum tempo, depois puxou as cobertas até o peito.

– Amo você – ele disse; depois fechou os olhos e ajeitou a cabeça no travesseiro como um bebê.

No caminho de volta para casa, parei no apartamento da minha mãe e a chamei para irmos tomar um sorvete. Depois de nos acomodarmos numa cabine do Dairy Queen e começarmos a comer as nossas casquinhas cobertas de chocolate, contei-lhe que John me revelara o prognóstico de um ano de vida de papai.

– Na verdade – disse ela –, a doutora acha que ele tem só seis meses.

Ela olhou para a casquinha e de volta para os meus olhos, que estavam paralisados em descrença do que acabara de ouvir.
— Mas ela também disse que poderia durar um ano.

Uma estrada escura

Duas semanas depois, fui despertada por uma ligação matinal da minha mãe. A enfermeira chefe da casa de repouso do meu pai estava mandando-o para um pronto-socorro numa maca — nu, como descobriríamos mais tarde — porque ele tinha ameaçado um ajudante que tentara trocá-lo após um incidente complicado no banheiro. Mamãe estava a caminho do hospital e queria saber se eu a encontraria lá.

A ansiedade tomou conta de mim ao lembrar a última vez que papai estivera num pronto-socorro quatro anos antes, devido a uma ameaça de ataque cardíaco. Minha mãe e eu nos revezáramos na sala de espera ao lado dele durante horas. A enfermeira que finalmente veio vê-lo crivou-o de perguntas complexas que ele não conseguia responder e me calava toda vez que eu tentava explicar-lhe a sua condição. Os médicos insistiram em internar papai numa ala de cardiologia comum a despeito das apreensões da minha mãe com a tendência dele a ficar agitado em ambientes estranhos, e a sua necessidade de cuidados especializados por causa da demência. Pouco depois de acabar o horário de visitas, o meu pai acordou aterrorizado e passou o resto da noite tentando escapar do hospital e voltar para casa para ficar com a minha mãe. As enfermeiras da cardiologia, nada acostumadas a lidar com pacientes em estágios avançados de Alzheimer, procuraram dialogar com ele, e então tiveram de prendê-lo numa cena digna de pesadelos, o que o deixou pálido como um fantasma e respirando pesado como uma criança assustada até a minha mãe voltar na manhã seguinte.

A chance de uma nova internação do meu pai me apavorava. Eu queria confortá-lo, desempenhando o papel de filha forte que faz de tudo para melhorar a situação, para mamãe e para ele. Porém, a simples ideia de entrar no pronto-socorro e encontrá-lo nu e fora de si faziam o meu coração acelerar e a minha cabeça latejar. Por isso, pedi que John fosse lá ajudar a minha mãe no meu lugar. «Melhor ela ter um médico à disposição do que alguém como eu, que não vai saber se impor», dizia para mim mesma ao entregar o telefone ao meu marido. Ademais, eu só tinha mais um dia para fazer as malas para viagens a negócios à Flórida e a Roma, nas quais John me acompanharia. Não havia como cancelá-las. Uma dizia respeito a um evento de grande importância para o qual me havia preparado por quase um ano, e seria o primeiro de muitos outros eventos do tipo programados para os meses seguintes. A outra era a oportunidade da minha vida: uma chance de servir como uma de 250 delegados do mundo todo num congresso no Vaticano sobre a mulher, com direito a uma audiência privada com o Papa Bento XVI.

Enquanto corria por Saint Louis atrás de tudo o que tinha de arranjar para as viagens, John mantinha-me informada do progresso do meu pai por telefone. Papai havia chegado no hospital assustado e chateado, e quando os médicos tentaram espetá-lo com uma agulha para sedá-lo, ele se debateu violentamente. Entre injeções, ele contava piadas e tentava deleitar a equipe, provavelmente tentando distraí-los do que deve ter parecido para o meu pai um ataque inexplicável e imerecido. Mas as agulhas continuaram vindo, e papai continuou a resistir. Foram necessários seis seguranças para conseguirem segurá-lo. As múltiplas doses de sedativos finalmente o venceram, e papai desabou exausto. Quando cheguei à ala psiquiátrica geriátrica no final da tarde, ele roncava feito um urso. Senti-me culpada por haver-me ausentado do drama, mas também secretamente aliviada.

John e eu saímos de viagem na manhã seguinte. As duas viagens foram alucinantes, e nossos dias na Itália transbordavam de experiências inesquecíveis. Encontramos e conversamos com o Papa Bento XVI em sua audiência de Quarta-feira de Cinzas; demos as mãos mais uma vez na Missa daquele fim de tarde e o vimos em pessoa de novo na Sala Clementina do Palácio Papal, onde ele se dirigiu à conferência de mulheres da qual eu participava. Bento XVI, com a sua gentileza, humildade e forte afirmação dos dons femininos, impressionou-me, bem como as dezenas de mulheres católicas brilhantes, fascinantes e tão cheias de fé que conheci, vindas das regiões mais distantes do mundo, tais como o sudeste asiático ou a África subsaariana. Quando a conferência terminou, John e eu fizemos um *tour* pelas igrejas da Cidade Eterna com um amigo jesuíta do meu tempo de faculdade que residia em Roma. Ele nos conduziu em orações pelo meu pai e por um filho enquanto conhecíamos santuários de incontáveis santas heroínas. A viagem inteira pareceu um sonho.

Entretanto, assim que o nosso avião aterrissou em Saint Louis, as nuvens desceram novamente. Fui visitar papai na ala psiquiátrica e o encontrei com um olhar vago sentado numa cadeira de rodas. Desejei-lhe um feliz Dia de São Valentim[1] e aproximei do seu nariz as flores que eu havia trazido. Ele não falou nada. Tampouco houve resposta quando o abracei e cochichei o meu nome no seu ouvido. Ajoelhei-me de frente para ele e busquei nos seus olhos algum sinal de reconhecimento. Não achei nada. Era como falar com um cadáver.

Senti-me arrasada ao volante a caminho de casa. Teria eu abandonado o meu pai na hora da sua necessidade? Será que eu ouviria a sua voz de novo? Passei os próximos dois dias rezando freneticamente e recebendo atualizações regulares da minha mãe enquanto mergulhava no meu trabalho, que havia deixado de lado ultimamente, numa tentativa de me distrair do desastre que se abatia sobre o meu pai. Três dias depois, retornei à ala psiquiátrica e o encontrei no mesmo lugar. Desta vez, quando ajoelhei diante dele e olhei nos seus olhos, ele olhou de volta para mim e começou a tagarelar entusiasticamente. Aquela tagarelice jovial não fazia sentido algum, mas soava linda mesmo assim. Comecei a chorar lá mesmo, bem à vista da equipe de enfermagem. Um auxiliar passou por mim e me olhou intrigado quando estava com a minha cabeça no colo do meu pai. Sufoquei uma risadinha ao imaginar como nós dois parecíamos dois malucos – ele tagarelando e eu chorando. Mas não me importava. Tinha o meu

---

(1) Nos Estados Unidos, o Dia de São Valentim é também o Dia dos Namorados. (N. do T.)

paizinho de volta, pelo menos por mais algum tempo. Eu tinha um pouco mais de tempo.

Voltando para casa naquela tarde rosada ao pôr do sol, dei-me conta de que papai finalmente havia entrado no último estágio da doença, aquele que eu temera desde que o diagnosticaram. A partir daquele momento, os dias ruins se tornariam mais numerosos que os bons, e os dias melhores já não seriam tão bons como outrora foram. A personalidade animada dele não podia mais protegê-lo do que vinha adiante, nem os cenários em constante mudança da minha agenda de viagens podiam apagar a triste realidade que tinha de enfrentar toda vez que voltava para casa. Era como se eu fosse uma espectadora no caminho para o Calvário, vendo o meu pai caminhar e tropeçar rumo ao topo do monte, em direção a uma agonia final a que eu não queria assistir, mas sabia que teria de fazê-lo.

Sofrimento redentor

Se eu tivesse de escolher um elemento da fé católica que o meu pai enfatizava mais do que qualquer outro na minha infância, possivelmente seria este: a crença de que Deus não nos abandona no nosso sofrimento, mas utiliza-o para nos trazer para mais perto dEle.

Esse conceito é central na narrativa bíblica. Os relatos da Criação em Gênesis descrevem o sofrimento não como parte do plano de Deus original para a humanidade, mas como consequência do abuso da liberdade humana pelos nossos primeiros antepassados, cuja queda fez com que o pecado e a morte entrassem no mundo. Dessa «feliz culpa», como lhe chamou Santo Agostinho, Deus tirou um bem maior: a Encarnação do seu Filho, que nos redimiu por meio da sua Paixão, Morte e Ressurreição. Deus ainda permite que o mal exista no mundo como o preço da nossa liberdade. Porém, pelo seu sofrimento, Cristo transformou as nossas provações em meios para a graça, uma maneira de participarmos da sua obra redentora na terra enquanto aguardamos a vida eterna com Ele no céu.

Alusões ao potencial purificador e redentor do sofrimento brotam por toda parte nas escrituras hebraicas. O Livro da Sabedoria descreve as «almas dos justos» que «brilharão» como «faíscas por entre a palha», porque «Deus os provou e achou-os dignos dEle mesmo; como o ouro na fornalha, Ele os provou, e como um holocausto Ele os aceitou» (Sab 3, 1.5-7). No Eclesiástico, aqueles que desejam servir ao Senhor são avisados de que devem «preparar-se para provações», porque Deus testa «os homens dignos na agonia da humilhação», e para aqueles que permanecem fiéis a recompensa «não será perdida» (Eclo 2, 1.5.8). Esses versículos estão entre os mais usados em Missas de exéquias, porque ecoam a crença católica no purgatório – um estado de sofrimento pelo qual almas imperfeitas que morrem em graça de Deus adquirem a purificação póstuma que não completaram durante as suas vidas terrenas, para que possam entrar em comunhão com o Deus puríssimo e santíssimo no céu.

No Novo Testamento, Jesus alude ao mistério do sofrimento redentor repetidamente. Ele diz aos seus discípulos que «quem não carregar sua cruz e me seguir não é digno de mim» (Mt 10, 38), e explica as provações que aguardam a Ele próprio e aos seus seguidores, relembrando-os de que «se o grão de trigo não cai na terra e morre, permanece um simples grão; mas se morre, frutifica em abundância» (Jo 12, 24). São Paulo desenvolve mais esse tema e o integra a quase todas as suas epístolas, exortando os seus leitores a unirem-se a ele no sofrimento pelo Evangelho (2 Tim 1, 8), e lembrando-os de que a alegria eterna aguarda aqueles que sofrem com o seu Salvador e pelo seu Salvador:

> E, se filhos, também herdeiros, herdeiros de Deus e co-herdeiros de Cristo, contanto que soframos com ele, para que também com ele sejamos glorificados. Tenho para mim que os sofrimentos da presente vida não têm proporção alguma com a glória futura que nos deve ser manifestada. [...] Pois estou persuadido de que nem a morte, nem a vida, nem os anjos, nem os principados, nem o presente, nem o futuro, nem as potestades, nem as alturas, nem os abismos, nem outra qualquer criatura nos poderá apartar do amor que Deus nos testemunha em Cristo Jesus, nosso Senhor (Rom 8, 17-18.38-39).

Conheço bem esses versículos desde criança, porque estavam entre os favoritos do meu pai. Ele lia e relia as palavras de Paulo, recitando-as para mim em meio aos altos e baixos do dia a dia depois de meditá-las de manhã, junto com os salmos que rezava com o seu livro de orações.

O único outro livro que eu via cativar papai com a mesma consistência que a Bíblia era a sua cópia desgastada e manchada de uma coletânea intitulada *Obras completas de São João da Cruz*. Ele a carregava consigo para todo lugar: para a sala, para o escritório, para a capela da adoração eucarística, nas nossas férias e mudanças pelo país. Ele devorava os seus conteúdos, grifando com marca-texto as sentenças que mais lhe interessavam, fazendo notas nas margens e reparando-o com fita adesiva sempre que a lombada exausta do livrinho ameaçava desfazer-se. Papai leu aquele livro durante décadas, até que a neblina mental do Alzheimer o forçou a parar.

A primeira vez que li os escritos desse padre carmelita do século XVI, amigo de Teresa de Ávila, foi aos vinte e dois anos. Animada por um entusiasmo de recém-convertida, e preocupada com a probabilidade de que a minha elevação espiritual de principiante não duraria para sempre, logo decidi guardar o livro para leitura em futuras ocasiões. Redescobri João da Cruz uma década mais tarde, enquanto arrumava os livros do meu pai depois da sua mudança para a casa de repouso. Folheando o seu tomo favorito cheio de páginas marcadas, encontrei uma passagem que fora particularmente destacada no texto. Nela, João dizia que, assim como Jesus atingira o ponto mais alto da sua obra salvífica no sacrifício da Cruz, em meio a sentimentos de abandono em relação ao seu Pai Celestial, da mesma forma os seguidores dEle alcançam o grau mais alto de união com Deus quando são completamente humilhados e «reduzidos a nada». Poucos cristãos estão dispostos a adentrar essa «suprema nudez e vazio do espírito», que desponta na trilha rumo à união com Cristo, dizia João. Ao enfrentarem pela primeira vez o teste da desolação interior, a maioria «foge dele como se fosse a própria morte» e retrocedem tentando satisfazer o seu «apetite pelas coisas doces do espírito». João escreve:

«Pela minha observação, constato que Cristo é amplamente desconhecido daqueles que se julgam seus amigos.

Por causa da sua excessiva autoestima, eles acabam por buscar nEle consolações e satisfações para as suas próprias necessidades; mas não buscam, com um amor extremo a Ele, também as suas provações e mortes».

Papai desenhara uma caixa de texto preta em torno dessa seção, e anotara ao lado: «Talvez seja esta a chave de compreensão de todo o livro. Quando finalmente viverei a doutrina de João?» Ele escrevera essas palavras por volta de 1990, julgando pelas datas que havia rabiscado em volta. Aquilo fora seis anos antes do início da sua descida pelos labirintos da demência, antes de ser envolvido numa escuridão cognitiva que a maior parte do mundo considera um sofrimento sem sentido. Papai, porém, via sentido na sua tribulação; e deixara isso claro desde o princípio. Ler aquela passagem ajudou-me a compreender por quê.

Ela também me proveu elementos para entender outro livro que veio parar na minha mesa pouco depois de meu pai ir parar no hospital, e cuja autora se tornaria uma luz para mim na minha luta por compreender o sofrimento do meu pai – bem como o meu próprio.

Uma santa de trevas

«Se algum dia eu me tornar santa», a Madre Teresa de Calcutá disse certa vez ao seu diretor espiritual, «certamente serei uma santa de "trevas". Permanecerei ausente do céu para iluminar o caminho daqueles que se encontram em trevas na terra».

Li pela primeira vez essa curiosa declaração no final de 2007, no verso do livro *Venha, seja Minha luz: Os escritos* *privados da santa de Calcutá*². Naqueles dias, estava me preparando para coordenar uma conferência televisiva internacional sobre o legado de Madre Teresa, e o editor do livro, o Pe. Brian Kolodiejchuk, dos Missionários da Caridade, estava entre as pessoas que eu planejava entrevistar ao vivo.

O Pe. Brian, que também era o promotor da causa de canonização da Madre Teresa, estava muito requisitado naquele outono. Isso se devia ao conteúdo chocante do seu livro, uma coleção jamais publicada de cartas privadas dela aos seus diretores espirituais, as quais ela pedira que fossem destruídas. *Madre Teresa, venha ser a minha luz* havia causado uma verdadeira comoção na mídia mundial com a sua revelação de que a sempre sorridente «santa dos pobres» passara décadas sentindo-se abandonada por Deus.

Embora já houvessem vazado rumores acerca das lutas espirituais de Madre Teresa anos antes na mídia católica, a publicação da sua correspondência agonizante chocou milhões. Ateus tacharam-na de fraude piedosa. Psicólogos e psiquiatras rotularam-na de clinicamente depressiva com tendências masoquistas. Jornalistas não conseguiam entender como a mulher que, publicamente, lembrava os outros do amor incondicional de Deus, pudesse, em privado, escrever palavras como:

> Quando tento elevar os meus pensamentos ao céu, há um vazio tão condenador que esses mesmos pensamentos se voltam contra mim como facas afiadas e ferem a minha alma. Amor – a palavra – não me traz

---

(2) Santa Teresa de Calcutá, *Venha, seja Minha luz: Os escritos privados da santa de Calcutá*, Petra, Rio de Janeiro, 2016.

nada. Ouço falar que Deus me ama – e, no entanto, a realidade das trevas e do frio e do vazio é tão grande que nada é capaz de tocar a minha alma. Antes de o trabalho iniciar, havia tanta união – amor, fé, confiança, oração, sacrifício. Será que errei em entregar-me tão completamente ao chamado do Sagrado Coração?

Como quase todas as outras pessoas que admiravam Madre Teresa, eu antes imaginara que a sua vida interior consistia em orações fervorosas e elevadas. De que outra forma poderia aquela pequenina irmã religiosa ter forças para realizar tudo o que alcançara em seus oitenta e sete anos: abandonar seu lar na Albânia aos dezoito anos e entrar para uma ordem religiosa irlandesa que a mandara para o outro lado do mundo, na Índia, deixar o conforto do seu convento aos trinta e sete anos para lançar-se numa missão de uma só mulher pelos moribundos e destituídos das favelas de Calcutá, atrair um séquito que depois viria se chamar Missionários da Caridade, uma comunidade mundial cujos membros leigos, religiosos e ordenados hoje continuam seu trabalho em 133 países? Madre Teresa recebeu toda espécie de honraria, do Prêmio Nobel da Paz à medalha de ouro do Congresso dos Estados Unidos, e foi beatificada pela Igreja Católica apenas seis anos após a sua morte[3]. Ela passava os seus dias banhando órfãos que haviam perdido os pais para a AIDS, esvaziando os penicos de moradores de rua e extraindo vermes das feridas de le-

---

(3) Falecida em 5 de setembro de 1997, Madre Teresa foi beatificada em 19 de outubro de 2003 pelo Papa João Paulo II. Em 4 de setembro de 2016, o Papa Francisco canonizou-a, estabelecendo a sua festa litúrgica no dia 5 de setembro de cada ano. (N. do T.)

prosos, o tempo inteiro sorrindo. Ela era a própria imagem da santidade serena, e quase inatingível. É claro que a sua vida espiritual devia transbordar de consolações.

Mas a descoberta de que tivera uma vida repleta de desolação não abalou a minha confiança em que Madre Teresa era uma mulher santa. Seus meros feitos já manifestavam o tipo de santidade que não se consegue fingir. Nem concordava com os comentaristas seculares que citavam as cartas dela como prova de que era de fato uma cética. Eu tinha lido teologia mística suficiente para saber que a tribulação interior de uma mulher apaixonadamente comprometida com Jesus não é a mesma coisa que sente um fiel casual que não consegue decidir se Deus vale o seu tempo.

As trevas de Teresa soavam para mim mais como a «noite escura da alma» descrita por João da Cruz, que foi quem cunhou o termo. A expressão degenerou-se num clichê na cultura contemporânea, usado para designar de tudo, desde uma pequena fome espiritual até um ataque de mau humor. Mas o «doutor místico», como é conhecido o santo, usou-a para designar um conjunto específico de provas que Deus permite que se imponham às almas daqueles que o amam, para aprenderem a amá-lo ainda mais.

João da Cruz via a vida espiritual como um processo gradual e muitas vezes doloroso, que envolve desapegar-se de tudo o que não for Deus. Almas que já se tenham purificado de pecados mais óbvios poderão ser guiadas por Deus por quatro «noites» de intensidade progressiva para purificá-las de pecados ocultos e apegos, e então levá-las a uma união mais próxima com Ele. A etapa mais árdua é a «noite escura passiva do espírito», dizia João, na qual a fé parece uma ilusão e Deus parece ausente, embora esteja mais perto do que nunca. Almas que se encontram nessa «noite escura» sentem a desolação que consumia Jesus quando Ele gritou da Cruz: «Meu Deus, Meu Deus, por que me abandonaste?» (Mc 15, 34).

Verdadeiras noites escuras do espírito são raras, mas períodos de desolação e sofrimento fazem parte do caminho espiritual. Quando não resultam do mero comportamento pecaminoso ou da falta de atenção para com Deus, essas experiências de «trevas» podem levar-nos a uma maior confiança em Deus, a uma contemplação mais profunda e a uma priorização mais clara das coisas de Deus acima das coisas do mundo. No seu auge, ele escreve, as noites escuras levam a um estado de «união transformadora» ou «casamento espiritual», no qual se sente a presença de Deus quase o tempo inteiro e as provações parecem ser mais graças do que punições, oportunidades de participar do sofrimento redentor de Jesus. No entanto, muitas pessoas desistem ou ficam presas no meio do caminho antes de alcançarem esse ponto, frustradas com a perda das agradáveis sensações espirituais e recompensas externas que as tinham atraído a seguir a Cristo no começo.

Madre Teresa não era de desistir, nem se acovardava na presença do sofrimento, que a sua fé católica lhe ensinara a ver sob o prisma da paixão de Cristo. Quando ainda era uma jovem freira, resolveu «beber do cálice [de Cristo crucificado] até a última gota». Encorajava as suas irmãs na fé a fazer o mesmo e a ver o seu serviço aos sofredores como um encontro com Deus na carne. Como explicou uma vez: «Pode ser que estejamos apenas fazendo trabalho social aos olhos das pessoas, mas somos, na verdade, contemplativas no coração do mundo; pois tocamos o corpo de Cristo vinte e quatro horas por dia». Madre Teresa aconselhava as suas irmãs a buscar força na oração e nos sacramentos, principalmente na Eucaristia, para que pudessem reconhecer Jesus nas almas sofredoras com que lidavam diariamente.

A sua vida de oração constante e a sua confiança na realidade do sofrimento redentor permitiam-lhe confrontar as trevas no seu próprio interior, armada da convicção de que a sua dor daria glória a Deus. Essa convicção, porém, não apagava a dor, como o tom angustiado da sua correspondência privada revela.

Li apenas trechos daquelas cartas antes de comandar a conferência. Convenci-me de que estava muito ocupada para ler mais. Na verdade, estava muito assustada. O pouco que lera havia-me abalado, assim como os escritos de São João da Cruz que lera uma década antes. Se uma pessoa tão santa quanto Madre Teresa se sentiu abandonada por Deus e sobrecarregada pelo sofrimento, que esperança havia para o resto de nós? Na minha entrevista com o Pe. Brian durante a conferência, coloquei-lhe esta questão:

«Um fiel que esteja assistindo a este programa», eu disse, «e tente se aproximar de Cristo pode pensar: Então se eu fizer tudo de que preciso para alcançar as alturas e fizer tudo o que posso por Deus, é isso que me aguarda? Porque, ao ler as cartas dela, parece-me, francamente, um prospecto aterrador».

O Pe. Brian pausou, a sua camisa cinza misturando-se com um retrato de Madre Teresa na camisa que estava por baixo.

«Quanto mais nos aproximarmos, mais sofreremos», respondeu. «Mas o foco aqui não é o sofrimento. O foco, e a lição importante, é o amor com que esse sofrimento é aceito e vivido. E é isso que realmente se destaca ao longo dessas cartas, a fé heroica de Madre Teresa e um amor verdadeiro e heroico que nos ensina que, por mais importante que seja *sentir* o amor, no final das contas o amor não está no que *sentimos*. Está na *vontade*: naquilo que se faz, em como se age e no que se escolhe. E Madre Teresa é um grande exemplo para nos lembrar e ensinar, mais uma vez, o que é o amor».

A resposta do Pe. Brian parecia em harmonia com a verdade. Ecoava respostas semelhantes que o meu pai me dera a vida inteira; mas só depois de ter visto papai beber do seu próprio cálice até a última gota eu aprenderia a apreciar a luz que o exemplo de Madre Teresa podia verter nas minhas trevas particulares.

Uma nova crise

Papai passou mais de um mês na ala de psiquiatria geriátrica até recuperar o apetite e a lucidez suficientes para retornar à vida no asilo. O diretor da sua casa de repouso original recusou-se a recebê-lo de volta, e mamãe teve de sair procurando por outra instituição que não se intimidasse com um ex-pugilista corpulento expulso do seu lar para idosos anterior. Ela não tinha o dinheiro necessário para investir numa vaga, e todas as instituições cobertas pelo convênio médico rejeitavam-no. Enfim, a assistente social do hospital conseguiu encontrar um lar disposto a acolhê-lo: um centro modesto e simpático a pouca distância do apartamento dela. O lugar tinha algumas falhas nas visitas de inspeção, e o futuro colega de quarto do meu pai tinha surtos frequentes e costumava manter a televisão no volume máximo a noite toda. No entanto, depois de ouvir o amigável diretor do centro explicar como o seu pequeno número de pacientes era uma vantagem para os residentes, decidimos tentar. Levamos papai para lá então e cruzamos os dedos.

Alguns dias depois, eu e John estávamos indo jantar com um amigo quando tive uma sensação ruim na boca do estômago.

«Acho que deveríamos ir visitar papai», eu disse.

«Também acho», John respondeu, surpreendendo-me com a rapidez com que deu meia-volta em direção à nova casa de repouso.

Em quinze minutos chegamos lá e o encontramos numa cadeira de rodas na sala de enfermagem. Percebi novos hematomas em seus braços. Dois atendentes tatuados, com dentes de ouro, roupas despojadas e cabelos de cores pouco convencionais estavam enfiando uma jaqueta nele e gritando enquanto forçavam os seus braços para dentro das mangas. Ele parecia cansado e assustado, e eu podia ver pelo cabelo oleoso que não lhe haviam dado banho desde que chegara. Perguntei à enfermeira o que estava acontecendo.

«Estamos pondo-o para fora», disse ela bruscamente, sem sequer olhar para mim enquanto preenchia uns formulários. «Ele jogou os talheres na mesa».

Comecei a entrar em pânico, pensando em como poderíamos evitar outra visita ao pronto-socorro. John apresentou-se como médico e pediu à enfermeira que o pusesse em contato com o plantonista da instituição. Ela balançou uma cabeleira loira desarrumada, abriu os lábios revelando um único dente frontal e explicou que a médica já havia aprovado a transferência do meu pai, apesar de nunca ter visitado o novo paciente nem prescrito a medicação de que precisava para os seus problemas comportamentais e de sono. Papai assistia àquela conversa aflito e, quando John me tirou de lado para dizer que tínhamos de tirar o meu pai de lá imediatamente, concordei. Os paramédicos chegaram alguns minutos depois. Papai surpreendeu-me ao obedecer ao comando de subir na maca, que ele costumava detestar. «Vamos lá», disse ele baixinho apertando a minha mão. «Vamos embora daqui».

Subi na ambulância com ele, cantando-lhe canções irlandesas para acalmá-lo enquanto rezava para que aquela terceira visita a um pronto-socorro fosse menos traumática que as outras duas. Mas não seria assim.

Papai foi levado assim que chegamos, desta vez com John ao seu lado, enquanto eu e mamãe esperávamos no saguão. Uma hora depois da sua chegada, os médicos permitiram que visitássemos o meu pai no seu leito. Encontramo-lo deitado vestindo um avental hospitalar que mal cobria o seu corpo robusto, com uma aparência apagada e derrotada. A cada poucos minutos ele cochilava brevemente, só para acordar dali a pouco em pânico e mover as pernas para o lado do leito, como se estivesse fugindo de um torturador invisível. Na forte luz fluorescente, podia ver que os hematomas que percebera na casa de repouso eram mais numerosos do que eu pensava. Quando uma enfermeira veio dar-lhe um banho de esponja e limpar a sua virilha, ele encolheu-se de medo, e então protestava baixo enquanto ela o esfregava: «É desumano... é assassinato... é um pecado». Mamãe e eu tentávamos confortá-lo, e ele respondia aos nossos sorrisos e carícias por alguns momentos até que caía no sono de novo e repetia aquele ciclo de terror mais uma vez. Ele estava tão confuso, tão agitado, tão amedrontado – e tão pior do que estivera quatro dias antes, quando o puséramos num lugar que agora percebíamos ser uma instituição abusiva.

No dia seguinte, John e eu concordamos que precisávamos gastar o que fosse preciso para colocar papai num lar decente. Quando liguei para a minha mãe para propor isso, ela me disse que o meu irmão já lhe havia dito o mesmo. Juntamos então os nossos recursos para podermos garantir uma casa de repouso particular, com quarto privativo e especializada em pacientes com Alzheimer, que aceitasse o meu pai se nós conseguíssemos realizar pagamentos integrais em dinheiro todo mês. O lar tinha um custo exorbitante, mesmo dividido por três. Entre as nossas despesas pessoais, os empréstimos estudantis de John, as nossas esperanças de comprar uma casa em breve, e os planos de John de se inscrever numa bolsa de valor baixo para o estudo e pesquisa em geriatria, que atrasaria em mais um ano o aumento do seu salário, eu não sabia por quanto tempo conseguiríamos cumprir com a nossa parte dos pagamentos ou o que restaria das nossas finanças se o fizéssemos. Mas não havia dúvida do que papai faria se os papéis fossem invertidos: tomaria conta de mim e confiaria em Deus para tomar contar dele. Decidi fazer o mesmo.

A nova instituição tinha um aspecto bonito e limpo, com uma equipe maior, atividades voltadas para pacientes de demência e uma ala inteira dedicada a pacientes terminais de Alzheimer. Na primeira noite do meu pai lá, John e eu o levamos até o refeitório principal para assistir a uma apresentação musical de tema tropical. Ele mostrava-se sonolento a princípio, mas logo se animou ao escutar *Over the Rainbow*. Também me animei: aquela música havia adquirido significado especial para mim desde que ouvira a versão de Israel Kamakawiwo para *ukulele*, enquanto comemorávamos a formatura de John na faculdade com uma viagem ao Havaí. Isso foi em maio de 2005, quando pensávamos que um bebê estava para vir e as aflições do meu pai em casas de repouso nem sequer se desenhavam no horizonte. Vendo um arco-íris em cada ilha que visitávamos ao som daquela música que dominava as rádios, tínhamos a impressão de que não estávamos muito longe daquele ponto mágico em que todos os nossos sonhos se tornariam realidade.

O significado daquela música havia mudado para mim nos últimos três anos. Ultimamente, sempre que o meu MP3 a selecionava aleatoriamente, a canção rapidamente me levava às lágrimas lembrando-me dos meus sonhos perdidos. Mas não dessa vez. Vendo o meu pai assobiar com os cantores, agradeci a Deus por aquela breve pausa na escuridão. O homem que tinha estado à beira do colapso poucos dias antes voltara à vida novamente. Papai aplaudiu comigo quando a música terminou, inclinou-se para mim e me disse ao ouvido: «A Misericórdia Divina».

Até o céu

Papai passou uma primavera bastante serena no seu novo lar. Os auxiliares pareciam menos confusos com a sua demência lá. Mamãe e eu aproveitamos a chance de passar o nosso tempo de visita fazendo-lhe companhia, e não nos ocupando dos cuidados mais básicos negligenciados pelas equipes das duas casas anteriores.

Mesmo assim, ele estava piorando. Dormia mais e falava menos. Quando o visitava para dar-lhe de comer, abocanhava menos colheres da sua comida pastosa, e com frequência ficava confuso na hora de engolir. Os seus dedos moviam-se nervosamente e as suas mãos gesticulavam descontroladamente e de maneira ampla, como se estivesse conduzindo uma orquestra imaginária. Dei-lhe um rosário infantil enorme e colorido, e ele habituou-se a agarrá-lo como a um cobertorzinho de estimação. Eu sabia que ele ainda me reconhecia pelo jeito como abria os braços ao me ver à sua frente. Infelizmente, esses momentos de reconhecimento demoravam mais a ocorrer agora, já que o seu olhar parecia fixar-se num ponto distante.

«Quero ir para o céu», dizia ele quando o peguei cochichando orações com as mãos erguidas no Domingo de Páscoa.

Papai mal estava falando em 26 de maio, quando convidei a minha mãe e o meu irmão com toda a família para irem conosco celebrar o aniversário de setenta e nove anos dele e o de trinta e oito anos de casados dos meus pais. Fazia muito tempo desde a última vez que nos reuníramos por ocasião de alguma comemoração, e eu sabia que aquela podia ser a nossa última celebração com papai. Decidi, portanto, fazer o seu bolo de chocolate favorito e decorar o quarto com flores frescas e balões. Os meus sobrinhos disputavam lugares no colo da vovó enquanto John gravava as travessuras deles, e eu e Tom relembrávamos as nossas aventuras de criança com papai. Ele sorria de vez em quando como se estivesse entendendo as nossas piadas, comeu algumas colheradas do bolo que eu lhe dava, e depois dormiu pelo resto da festa.

Duas semanas depois, enquanto dirigia a caminho de um compromisso, um pensamento acometeu-me: «Preciso ir ver papai». Resisti imediatamente. Eu já lhe fizera várias visitas naquela semana, tinha uma lista de prazos para cumprir e não me sentia disposta a enfrentar o desafio de lidar com ele naquele dia. Pensei, então, em todas as vezes que prestara atenção a tais intuições e dera graças a Deus por tê-las seguido. Virei à direita bem na hora de pegar a saída para a casa de repouso dele e cheguei ao seu quarto em poucos minutos.

Papai reconheceu-me imediatamente. Nós nos abraçamos e ele olhou para mim fixa e longamente, acariciando o meu rosto em silêncio com as mãos. Ele ergueu os braços para o céu e depois os trouxe de volta para mim. Repetiu o mesmo gesto diversas vezes com uma sensação de urgência cada vez maior, como se estivesse tentando dizer-me algo. A sua boca se abrira num largo sorriso maravilhado, mas não disse nada. Estava com uma aparência beatífica, apesar da face magra. A sua pele brilhava de uma maneira que eu nunca tinha visto antes. Comecei a falar com ele, dizendo-lhe tudo o que eu queria que soubesse antes de morrer.

«Eu amo você, pai», disse-lhe com as minhas lágrimas escorrendo pela face enquanto apoiava as palmas das minhas mãos nas suas, grandes e macias, que agora seguravam o meu rosto. «Você foi um pai maravilhoso para mim. E agora está indo para a casa lá do céu, com Jesus. Vou sentir a sua falta, mas ficarei bem. Você pode ir».

Seus olhos brilharam mais intensamente quando mencionei o céu, e ele voltou a gesticular para cima.

«Eu sei, pai, eu sei. Vamos nos ver de novo no céu. E sei que você estará olhando por mim. Rezarei por você quando tiver partido, mas sei que está indo para o céu».

Inclinei-me para perto dele e olhei no fundo dos seus olhos.

«Pai, quando chegar ao céu, você pode fazer-me um favor? Você pede para Jesus me mandar um bebê?»

Ele sorriu com os braços mais abertos do que nunca.

«Eu te amo, paizinho», cochichei ao aconchegar a minha cabeça no seu peito e chorar. «Te amo tanto...»

Passamos três horas daquele jeito, papai gesticulando e eu falando. Não o vira ficar acordado tanto tempo em meses, e, ainda que relutasse em deixá-lo, queria ir embora antes que ele dormisse ou ficasse confuso novamente. Queria selar aquela memória dele para sempre na minha mente. Levei-o pelo corredor até o salão de atividades e dei-lhe um abraço de despedida. Virei-me para olhar para ele uma última vez por cima do ombro e o vi ainda olhando para mim emocionado. Voltei, então, até ele pelo corredor e ajoelhei-me ao seu lado.

Seus olhos azuis encheram-se de lágrimas ao receber de mim um último beijo. Ele sorriu, abriu bem os braços e conseguiu soltar uma palavra de despedida para mim: «Alegria!»

Chorando com Jesus

Cinco dias depois, meu irmão entrou no quarto do nosso pai e o encontrou de bruços no chão ao lado da cama, lutando para se levantar após uma queda que aparentemente não fora notada pela equipe da casa havia pelo menos meia hora. Naquele mesmo dia, um lar católico ligara para mamãe para informá-la de que finalmente tinham uma vaga para ele, e o meu pai foi transferido imediatamente.

Visitei-o na manhã seguinte e encontrei papai num sono profundo. Três dias depois, em 19 de junho, ele ainda não tinha acordado. A médica disse que ele estava em estado comatoso e começando a morrer. Minha mãe, meu irmão, minha cunhada, John e eu fizemos vigília ao lado da cama, acariciando o seu rosto, rezando o rosário e o Terço da Misericórdia por ele e despedindo-nos em lágrimas um a um ao pé do ouvido dele. Eu lhe disse a única coisa que me esquecera de lhe dizer antes: que sentia muito por não ter sabido dar-lhe valor, principalmente durante os meus anos de colégio e faculdade.

Papai recebeu os últimos sacramentos naquela tarde, e à noite a sua respiração ofegante já se tornara irregular e barulhenta; mas ele ainda conseguia fazer bico a cada beijo que a minha mãe pedia. Num determinado momento, quando estavam sozinhos, ele estendeu os braços num breve surto de determinação e a abraçou.

Às dez horas da noite, com mamãe à cabeça e eu e meu irmão segurando as mãos dele, um de cada lado, com os nossos respectivos cônjuges, papai tomou um fôlego barulhento e exausto. O ar fez crepitar o seu peito e os seus lábios rachados ao entrar. Esperamos a exalação, mas ela jamais veio.

Papai falecera. A sua grande e boa alma havia partido. Minutos depois, o seu corpo abandonado parecia luminoso e de feições mais leves, como se já se preparasse para a gloriosa reunião com o espírito que se fora.

Mandei John para casa na minha frente enquanto levava mamãe de volta para o apartamento num carro separado. Voltei para a minha casa depois sozinha em meio à espessa escuridão, pela mesma via que usara centenas de vezes para ir ver papai no apartamento dele no centro de atividades para idosos, em hospitais e casas de repouso, e, finalmente, no lar para pacientes terminais. Pensei no estranho fato de que nunca mais na minha vida pegaria aquela estrada para vê-lo novamente. Não conseguia compreender aquele pensamento. Parecia um jogo mental que eu estava jogando comigo mesma, uma daquelas noções malucas que revolviam na cabeça tarde da noite quando eu era criança, no banco de trás do carro da família quando viajávamos e eu ficava olhando para as estrelas em vez de dormir. Naquelas noites, a minha mãe e o meu irmão caíam no sono enquanto papai se esforçava para dirigir mais alguns quilômetros antes de se render à exaustão e parar num hotel de beira de estrada. Ele me pegava acordada no espelho retrovisor e piscava para mim, sorrindo porque sabia que eu amava a calmaria noturna tanto quanto ele.

Agora não haveria mais piscadinhas, músicas ou abraços. Não haveria mais papai – pelo menos não do jeito que eu o conhecera – deste lado da eternidade.

Eu cria que o sofrimento dele havia acabado e, ainda que tivesse a intenção de rezar diligentemente pela sua alma, acreditava que ele já tinha sofrido o seu purgatório na terra, durante toda aquela luta agonizante com o Alzheimer. Sentia-me estranhamente tranquila ao ponderar o fato de o meu pai estar no céu, vendo-me mais claramente do que ele havia visto em anos, mais claramente do que nunca.

O céu abriu-se sobre mim, liberando uma enxurrada de verão. Conforme as gotas de chuva batiam com tudo no meu para-brisa, eu pensava sobre o corpo dele ainda na instituição. Era a alma que o animara, certamente, e a sua alma estava agora com Deus. Mas o que seria daquele corpo robusto e aconchegante que me consolara e abraçara por trinta e três anos, mesmo enquanto a sua mente se deteriorava? Parecia-me escandaloso que agora ele esperasse inerte num quarto escuro por uma carona solitária até o necrotério.

Baldes d'água pareciam cair no meu carro, e eu tinha de me esforçar para enxergar a estrada. Saí para o acostamento e parei debaixo de um viaduto esperando a chuva acalmar. Pensei naquela história do Evangelho em que Jesus recebe a notícia da morte de Lázaro. «Ele chorou», diz um versículo que sempre me intrigara. Por que Jesus, o Salvador todo-poderoso e onisciente que venceu a morte pela Ressurreição, choraria? E por que choraria instantes antes de trazer Lázaro de volta dos mortos?

Pensando em como o corpo alquebrado do meu pai sofrera violentamente por cada fôlego perto do fim, finalmente compreendi. Jesus chorou porque a morte é um horror – toda morte, mesmo a de um bom homem a caminho do céu. Jesus chorou porque a morte, como o Alzheimer e a infertilidade, não era o que Ele queria para nós. Não fazia parte do plano original de Deus. Jesus veio nos salvar da morte como o fim da linha, e tirar um bem maior da sua dor; mas a morte ainda nos horroriza porque é essa a sua natureza própria: horrorizar.

Fiquei olhando a água cair pelos cantos do viaduto como uma cascata à minha frente e atrás de mim, e imaginei Jesus chorando a minha perda comigo, ao mesmo tempo que tomava papai nos seus braços misericordiosos. Havendo-se amainado a chuva intensa até as proporções de uma garoa, saí do acostamento e dirigi-me para casa, ansiosa por recuperar algo do sono perdido e sem saber exatamente como seria a vida depois que acordasse.

Sentindo-me vazia

No dia seguinte, a misteriosa sensação de leveza que eu havia sentido logo depois da morte do meu pai desapareceu. Em seu lugar, veio uma mistura opressora de tristeza e pavor. Eu disse a John que fosse trabalhar normalmente e que reservasse os seus dias de férias para o velório e o funeral na semana seguinte. Lá estava eu, rodeada de silêncio, tentando juntar forças para escrever uma nota funerária e ligar para amigos que fazia meses que não via para lhes contar que o meu pai havia falecido. Eu me encontraria com a minha mãe e o meu irmão para discutirmos os detalhes do enterro mais tarde naquele dia, mas sabia que retornaríamos cada um para a sua casa para cuidar do seu luto em privado. A perda do meu pai havia desestabilizado tudo, e era profunda demais para falarmos dela.

O velório ocorreu cinco dias depois. Quando John e eu estávamos chegando à casa funerária, rezei silenciosamente para que, apesar de papai haver sofrido doze anos de uma doença que o isolava, alguém aparecesse para lhe dizer adeus. Quatro horas depois, cerca de duzentas pessoas haviam passado pelo seu caixão para se despedirem.

Muitos eram velhos amigos, mas muitos outros o haviam conhecido durante os anos de Alzheimer. Pegavam-me pelo braço para me contar as suas lembranças do irlandês jovial cujas músicas, bênçãos e máximas solenes sobre o amor de Deus haviam levantado os seus espíritos em momentos cruciais.

Outra multidão robusta encheu a igreja no dia seguinte para uma Missa de exéquias celebrada conjuntamente por cinco padres, ao final da qual o meu irmão e eu oferecemos os nossos breves tributos ao nosso pai. Enquanto cumprimentava as pessoas do lado de fora da igreja depois da cerimónia, vi-me subitamente cercada de pequenas Madres Teresas. Vestidas de sáris azuis e brancos e de estatura similar à da sua fundadora, aquele grupo de sorridentes Missionárias da Caridade abraçava-me uma de cada vez, dizendo-me como haviam gostado do que eu havia dito sobre papai. Depois, desapareceram na multidão tão rápido quanto haviam aparecido. Quando perguntei à minha mãe sobre o grupo, ela disse que a sua presença a havia surpreendido, porque ela só conhecia uma ou duas irmãs através de amigos do ramo laico local da ordem. Senti como se as irmãs fossem um sinal do céu, como se a própria Madre Teresa me quisesse dizer que estava comigo no dia do funeral do meu pai.

O enterro foi duro. O sol forte de junho judiava do nosso cantinho de cemitério, e o ar debaixo da tenda em volta da cova estava sufocante. Tom e eu estávamos sentados um de cada lado da nossa mãe, segurando as suas mãos enquanto o padre rezava diante do caixão coberto de rosas. Gotas de suor disfarçavam o meu choro enquanto escutava um tenor irlandês cantando «*Danny Boy*», a música favorita do meu pai, após o rito funerário. Percebi pela primeira vez como era melancólica aquela canção que papai cantara tantas vezes para me alegrar. A letra conta a história de um pai dizendo adeus a um filho amado e pedindo que se ajoelhe e reze uma Ave-Maria de despedida, caso morra antes de reencontrá-lo. Segurei um soluço na hora do *crescendo*:

> E eu escutarei, ainda que pises silenciosamente sobre mim
> E todos os meus sonhos serão mais doces e quentes
> Se te reclinares e me disseres que me amas
> E então dormirei em paz até que venhas para mim.

Enterrar papai acabou revelando-se mais fácil do que suportar os próximos meses que viriam. A multidão dispersou-se, o estranhamento da morte do meu pai desfez-se e uma cortina pesada e escura desceu sobre a minha vida. Olhei em volta após anos indo de crise em crise com o meu pai e a minha infertilidade e percebi que havia negligenciado as minhas amizades, não conseguira achar tempo para quase nada além do trabalho e de crises familiares, e cheguei ao ponto da exaustão absoluta entre o meu luto e a tristeza de não poder engravidar.

Por toda parte, o mundo me lembrava de que a morte era apenas parte do «ciclo da vida», como um consolador me disse certa vez. Nossos pais morrem, nossos filhos nascem; a vida continua. Mas não havia ciclo da vida para mim. Para mim, o ciclo terminou com a morte do meu pai. Via o meu irmão abraçar mais forte os seus cinco filhos nos meses depois de perdermos papai, mas eu não tinha filhos para abraçar. John e eu tínhamos somente um ao outro. Por mais que John me confortasse, quando eu olhava para o nosso futuro, via novamente aquele buraco negro monstruoso que se abrira diante de mim da primeira vez que fiquei sabendo da nossa infertilidade. Imaginei-me perdendo John um dia e passando os meus anos finais numa solidão absoluta, sem o alívio trazido pelas visitas de filhos e netos. Para piorar, parecia que, toda vez que atendia o telefone após a morte do meu pai, ouvia outra velha amiga anunciar a sua segunda ou terceira gravidez. Dava-lhe, então, os parabéns com uma alegria forçada e fazia-lhe todas as perguntas de praxe; enfim, desligava o telefone e sentava sozinha em silêncio. Pensava na morte do meu pai e naquela que me esperava, imaginando quão mais aterradora a morte havia de ser quando enfrentada sozinha.

O caos do declínio final do meu pai convencera-nos a pausar os tratamentos de fertilidade em 2008. Quando fiz trinta e quatro anos naquele setembro, refleti racionalmente sobre o fato de que a minha janela de oportunidade para a maternidade biológica havia-se praticamente fechado. Sempre considerara os trinta e cinco anos como o meu prazo para a fertilidade: ou engravidava antes daquela marca, ou desistia de vez. Sentia-me exausta demais para aguentar mais tratamentos de fertilidade e sem forças para ir atrás da adoção. Era como se toda a tristeza, raiva e decepção dos últimos anos tivessem se cristalizado numa massa dura e fria de apatia que eu não conseguia dissipar. Eu não sabia mais o que esperar, por que rezar ou o que queria. Sentia-me vazia. Perguntava-me: E se todo este sofrimento realmente não tiver sentido, afinal de contas?

Ainda acreditava que Deus era bom. E lá no fundo,

acreditava que Deus tinha um plano para mim, dentro do qual o meu sofrimento adquiria sentido. Só comecei a duvidar que algum dia entenderia o tal plano, ou que me sentiria grata por ele nesta vida. A bondade divina parecia-me uma teoria abstrata que aceitara, mas não podia provar. Quanto ao céu, acreditava que papai havia ido para lá e queria revê-lo um dia. Só não sabia o que fazer comigo mesma nesse meio tempo. Como perseveraria em face de uma provação que parecia interminável e de um futuro, ao que tudo indicava, solitário, tedioso e sombrio?

Deus não me dava resposta. Quando rezava, era como se estivesse falando com as paredes. Tampouco a minha carreira trazia qualquer recompensa. Eu trabalhava na área em que sempre quisera trabalhar e, no entanto, quanto mais elogiavam as minhas colunas de opinião, discursos e aparições na TV e falavam maravilhas sobre como o meu trabalho reforçara a fé de muitos, mais me sentia traída e envergonhada pela distância entre mim e Deus. As obras espirituais e frases de santos que antes me haviam inspirado agora só me cansavam. Até as lembranças do meu pai deixavam-me fria. Guardei a maior parte das fotos e cartas dele, calava-me quando a minha mãe e o meu irmão trocavam lembranças dos bons tempos e recusava sempre que John se oferecia para mostrar vídeos dos últimos anos de vida dele. Não queria mais lamentar isso, nem sentir a sua falta, nem ver o lado bom de todo o seu sofrimento. Estava farta daquilo tudo.

Sabia que estava vacilando à beira de um precipício perigoso. A única coisa sábia a fazer era continuar comparecendo à Missa diária, lendo as Escrituras, confessando os meus pecados e visitando o Santíssimo no sacrário da minha paróquia. Sentava na última fileira da capela do sacrário noite após noite, olhando fixamente para aquela pequena hóstia branca. Sabia que Jesus estava lá; acreditava na presença eucarística como sempre. Porém, não sentia as ondas consolatórias que costumavam afagar-me na sua presença; só me acometiam arroubos de desespero sobre o meu futuro ou de irritação com os meus colegas de adoração e os seus rosários ruidosos, dentaduras que estalavam e páginas barulhentas de livros de oração.

Foi por esses dias que finalmente redescobri os escritos de Madre Teresa com que o Pe. Brian me havia presenteado um ano antes. Lendo as suas cartas completas pela primeira vez, fiquei surpresa ao descobrir que aquela mulher, que eu antes considerava tão inatingivelmente santa, podia falar de forma tão poderosa à escuridão que então sufocava a minha alma.

A noite escura de Madre Teresa

Em setembro de 1946, enquanto ainda servia na Índia como irmã da ordem de Nossa Senhora de Loreto, Madre Teresa, aos trinta e seis anos, percorreu de trem o longo caminho de Calcutá a Darjeeling. Ela recebeu naquela viagem a sua «vocação dentro da vocação». Uma voz lhe falou na primeira de uma série de visões e locuções interiores de Jesus que ela descreveu para os seus diretores espirituais. Nelas, Jesus a convidava a deixar tudo e «vir ser a minha luz» nas favelas de Calcutá. Queria que ela saciasse a sede de amor e de salvação das almas que Ele sentira na Cruz através da fundação de uma ordem de irmãs que seriam «Maria e Marta» nas vidas dos pobres, irradiando o amor de Deus ao partilhar da pobreza daqueles a quem serviam. Embora hesitasse a princípio, Madre Teresa concordou quando Jesus lhe lembrou um voto que fizera quatro anos antes de jamais lhe recusar nada que Ele pedisse.

No decorrer do ano seguinte, enquanto ela requisitava às autoridades eclesiásticas permissão para iniciar o seu ministério, teve uma intensa experiência de união com Jesus que o seu diretor espiritual descreveu ao arcebispo como algo tão «contínuo, profundo e violento que parecia que seria arrebatada sem muita demora». Atraída à penitência e desejosa de sofrer extravagantemente por amor de Jesus, Madre Teresa continuou sentindo essa alegria inebriante da união com Cristo ao longo de toda a fase inicial do seu ministério nas ruas. Então, precisamente no momento em que a obra mais desafiadora e frutuosa da sua vida estava começando, a sua sensação de intimidade com Jesus simplesmente evaporou. Foi substituído, escreve ela tempos depois, por «uma escuridão terrível dentro de mim, como se tudo houvesse morrido».

Nos primeiros anos que se sucederam à descida dessa escuridão secreta, Madre Teresa imaginava que aquilo se devesse aos seus próprios pecados. Ela achava que a sua personalidade forte e teimosa requeria uma purificação longa e árdua. Aconselhou-se com diversos diretores espirituais, agoniada pela suspeita de que estivesse fazendo algo para afastar Jesus. Manteve-se fiel ao seu cronograma de oração e de serviço aos pobres, edificando os outros com os seus alegres sorrisos, palavras de encorajamento e horas de adoração eucarística. Por dentro, porém, sofria uma dor excruciante, cuja intensidade só aumentava com a lembrança de que outrora sentira o oposto.

Madre Teresa teve um breve alívio da dor que a afligia em outubro de 1958, quando pediu a Deus que lhe enviasse alguma prova de que se comprazia com o trabalho que ela e as outras irmãs desempenhavam. «Naquele exato momento a longa escuridão desapareceu», confidenciou ela ao bispo. «Hoje a minha alma está repleta de um amor e uma alegria indizíveis». Mas a desolação logo retornou, tão dura quanto antes. No ano seguinte, um confessor mandou-a escrever uma carta para Jesus, e ela escreveu que sentia a dor que as almas devem sentir no inferno:

> Aquela terrível dor da perda, de ser rejeitada por Deus, de pensar que Deus não é Deus, de pensar que Ele não existe (Jesus, por favor, perdoe as minhas blasfêmias, mas me pediram que escrevesse tudo). Esta escuridão que me envolve de todos os lados, não consigo elevar a minha alma a Deus, nenhuma luz ou inspiração entra na minha alma. Falo do amor às almas, do terno amor a Deus, palavras passam pelos meus lábios, e desejo profundamente acreditar nelas. Por que trabalho? Se não há Deus, não pode haver alma. Se não há alma, Jesus, então você também não é real. Céus, que vazio, nem um único pensamento do céu me vem à mente, pois não há esperança. Tenho medo de escrever tudo o que se passa na minha alma. Você ficaria muito magoado.
>
> No meu coração não há fé, não há amor, não há confiança; há tanta dor, a dor de ansiar por alguém e não ser correspondida. Desejo a Deus com todas

as forças da minha alma, e, no entanto, entre nós há uma separação terrível. Não rezo mais, pronuncio as palavras de orações comunitárias, e tento ao máximo extrair de cada palavra a doçura que ela tem a oferecer. Mas a minha oração de união não está mais presente lá.

Uma grande virada ocorreu em 1961, quase doze anos depois do início da sua tribulação. Madre Teresa aconselhou-se com um novo diretor espiritual jesuíta, Pe. Josef Neuner. Ele lhe disse que a desolação que ela sentia não era culpa sua; tratava-se de um caso de «noite escura» que não tem remédio humano. Mas aquela não era uma noite escura típica, uma vez que Madre Teresa já tinha sofrido um período de trevas purificadoras antes de alcançar as alturas da sua união mística anos antes. Tratava-se agora de algo diferente: uma escuridão «reparatória» ou «apostólica» não tinha o objetivo de purificar o indivíduo que a sofre dos seus pecados, mas sim de permitir que aquela alma sofra pelas outras que não amam a Deus tanto quanto deveriam. O Pe. Josef incentivou Madre Teresa a aceitar aquele sofrimento prolongado como a faceta espiritual da sua obra, uma oportunidade de ajudar a saciar a sede de amor que Jesus tivera na cruz participando dela profundamente. E quanto ao seu medo de que Deus a tivesse abandonado, disse-lhe que a própria ânsia que ela sentia pela presença de Jesus era um sinal evidente da presença oculta de Deus na sua alma.

O conselho do Pe. Josef alegrou grandemente Madre Teresa. Ela percebeu que a sua aceitação daquela tribulação espiritual poderia tornar o seu ministério ainda mais fértil, fazendo com que sentisse o mesmo abandono e falta de amor que Jesus experimentara na Cruz. Isso a ajudaria a ter maior empatia para com aqueles que ela servia, fossem pobres materialmente, fossem emocional e espiritualmente destituídos, cuja sensação de «não serem amados, queridos ou cuidados» ela via como a maior de todas as pobrezas. Como escreveu uma vez para o Pe. Josef:

> Pela primeira vez em onze anos, posso dizer que amo a escuridão. Pois hoje creio que ela é uma parte, por ínfima que seja, da escuridão e da dor de Jesus na terra. Hoje senti de fato uma alegria profunda, porque Jesus não pode mais passar pela sua agonia, mas deseja passar por ela novamente em mim. Mais do que nunca, entrego-me por inteiro a Ele. Sim, mais do que nunca, estarei à sua disposição.

Compreender o propósito divino que operava na sua provação não anestesiou a dor nem a fez desaparecer. As cartas de Madre Teresa sugerem que a escuridão permaneceu com ela por quase cinco décadas, até a sua morte em 1997. A sua longa duração quase não tem precedentes na história dos santos, embora o aspecto reparador – o fato de que parecia tratar-se de um sofrimento pelos outros em vez de uma purificação dos próprios pecados – trace interessantes paralelos com uma predecessora de Madre Teresa na vida religiosa, Teresa de Lisieux.

Teresinha, que fizera o mesmo voto que Madre Teresa de não recusar nada a Jesus, mergulhou naquilo que ela descreveu como «a escuridão mais espessa» no último ano e meio de vida. A sua mente era invadida por tentações ao desespero e à descrença. Leitora ávida de São João da Cruz que era, Teresinha reconheceu-as como permitidas por Deus. Quando acossada por tais tentações, dizia: «Corro para o meu Jesus. Digo-lhe que estou contente em não viver esse belo céu aqui na terra, para que Ele o abra aos pobres descrentes por toda a eternidade».

Madre Teresa pronunciou atos de fé semelhantes ao longo de toda a vida, e as suas cartas indicam que ela ocasionalmente ia buscar forças nas obras de João da Cruz. A união com Jesus, que ela uma vez vivera com alegria, era agora vivida de livre e espontânea vontade em desolação, uma resposta misteriosa ao desejo que ela expressara anos antes de «amar a Jesus de uma forma com que jamais antes fora amado», e de «beber do seu cálice de dor até a última gota». Como São Paulo, que disse: «Agora me alegro nos sofrimentos suportados por vós. O que falta às tribulações de Cristo, completo na minha carne, por seu corpo que é a Igreja» (Col 1, 24), Madre Teresa aceitou a sua dor por amor de Jesus e da sua Igreja mesmo antes de compreender esse propósito. Ela o deixa claro na carta de 1959 a Jesus, que escreveu enquanto ainda não entendia a razão da sua desolação:

> Se a minha separação trouxer os outros a Você, e em sua companhia te comprouveres, então, Jesus, estou disposta de todo o coração a sofrer tudo o que sofro, não somente agora, mas por toda a eternidade, se me for possível. A sua felicidade é tudo o que desejo. Quero saciar a sua sede com cada gota de sangue que puder extrair de mim. Não permita que eu lhe faça qualquer mal, toma de mim o poder de ferir-te. Peço-te apenas uma coisa: por favor, não te incomodes em retornar logo. Estou pronta para esperar-te por toda a eternidade.

Um jeito simples

Ao ler essas palavras, fiquei maravilhada com a disposição de Madre Teresa a sofrer por Jesus. Aquilo era algo belo e terrível de admirar, aquela paixão desenfreada que nutria por um Deus que parecia havê-la abandonado. Não pude evitar um sentimento de vergonha humilde ao constatar o vasto abismo que se abria entre o jeito alegre com que a heroica Madre Teresa carregara a sua cruz e o jeito ressentido e a má vontade com que eu carregava a minha.

Mas as cartas dela não me desencorajaram. Diferente de tudo o que eu lera naquele outono, elas me inspiraram. Eu sabia que não era nenhuma Madre Teresa e que a minha desolação não era nenhuma noite escura da alma. Mas as suas mensagens doloridas ajudaram-me a perceber que estava passando por um período sombrio daquilo que místicos como João da Cruz descrevem como a escuridão da fé: o desafio de continuar firme em Cristo quando se tem a impressão de que Ele nos esqueceu. Perguntava-me se o meu pai havia sofrido com aquele mesmo desafio durante os primeiros anos depois do seu diagnóstico de Alzheimer, quando ainda estava lúcido o suficiente para compreender os horrores que o aguardavam e para lembrar-se de como a sua mãe também havia sofrido nos seus anos finais como vítima da demência. Talvez a sua determinação a se apoiar em Deus em meio às trevas que se aproximavam pudesse explicar a frase que ele repetia como um mantra ao longo de toda a doença. «Estou nas mãos de Deus», dizia-me sempre que eu lhe perguntava como estava. «Estamos todos nas mãos de Deus».

Escutara aquela frase durante anos, junto com outras máximas católicas que a seguiam: «Ofereça o seu sofrimento», «Carregue a sua cruz», «Una os seus sofrimentos aos de Jesus». Sempre achei que sabia o que significavam: que devemos confiar em Deus e oferecer-lhe o nosso sofrimento quando enfrentamos tribulações tais como doenças, decisões difíceis ou a perda de entes queridos. O que eu nunca soubera ou entendera era o que fazer com a incerteza angustiante que acompanha essas tribulações, ou com o sofrimento interior e oculto que geralmente se mostra mais aterrador do que as dificuldades exteriores.

«Posso aceitar a cruz de jamais ter filhos», disse certa vez à minha mãe. «O que me deixa louca é a espera, é não saber».

«A espera *é* a cruz», ela respondeu.

Essas palavras entraram por um ouvido e saíram pelo outro da primeira vez que as ouvi. Agora, lendo as cartas aflitas de Madre Teresa, elas voltaram a mim de supetão. Talvez aquela fosse a verdade que eu ignorara durante todos aqueles anos: que a espera, o não saber e até a desolação interior e as dúvidas, *aquilo* era o sofrimento que Jesus queria que eu lhe oferecesse. Talvez a oração que Jesus deseja em tempos difíceis não seja uma oração para pedir ou alcançar, mas sim uma de simples resignação com a vontade do Pai, a mesma oração que Ele mesmo rezou na Cruz.

Eu queria analisar e dissecar a minha cruz, saber por quanto tempo ainda teria de carregá-la e como ela glorificaria a Deus. Como a paciente sedada que procura levantar-se em meio à operação para monitorar o progresso do cirurgião, eu queria poder sair do meu sofrimento para observar a obra que Deus operava na minha alma conforme Ele o fazia.

Jesus, como percebi, não queria nada daquilo. Ele não precisava da minha supervisão e não estava pedindo que eu entendesse a minha cruz. Apenas pedia-me que a carregasse, que acordasse a cada manhã ajoelhando-me ao lado da cama no frio piso de madeira e oferecesse os sofrimentos daquele dia para que Ele os usasse para qualquer propósito que preferisse. Queria que eu abraçasse alegremente os meus deveres diários e contasse com Ele para o resto, fazendo, em outras palavras, o que Madre Teresa fizera ao enfrentar desafios mais duros do que os meus.

Esse estilo de espiritualidade passo a passo nunca me parecera muito atrativo. Soava simplória demais para a cristã de pensamento profundo que eu achava ser. Porém, dia após dia, conforme absorvia as palavras de Madre Teresa naquela capela e contemplava a hóstia silenciosa, crescia a minha convicção de que aquele tipo de perseverança simples poderia revelar-se como a verdadeira essência da fé autêntica: rezar mesmo quando não se sente nada, continuar confiando em Deus mesmo quando Ele responde com o silêncio, amá-lo e servi-lo mesmo quando se aceita que talvez Ele nunca nos conceda aquilo que queremos tão desesperadamente, ou que nunca responda à questão que mais nos aflige. Foi aquela fé abandonada que sustentou Madre Teresa ao longo de décadas de desolação, e que sustentou papai durante a tortura da demência. Era também a fé que Jesus estava tentando me ensinar pelas provações que eu lhe implorava que levasse para longe de mim.

Uma frase vinha a mim conforme aquele inverno estava chegando: Deus é Deus, e eu não sou. Após anos fingindo acreditar nessa verdade, finalmente a sentia penetrar-me até os ossos. Não posso controlar a Deus. Não posso prevê-lo. Não posso forçar Deus a fazer o que eu quero ou a explicar--me por que não fez o que eu queria. Não posso manipulá--lo com as minhas orações, obras ou resignação fingida. E as boas pessoas que me recomendavam fazê-lo – porque tinham *certeza* de que Deus me daria um bebé, ou porque sabiam perfeitamente por que Deus permitira que o meu pai sofresse por doze anos – estavam erradas. Ninguém conhece os caminhos de Deus totalmente. Sim, Ele é um pai misericordioso e amoroso que faz tudo para o bem daqueles que o amam; porém, não deve satisfações a mim, e a nenhum de nós, pelos modos misteriosos com que opera a sua obra redentora. «Pois os meus pensamentos não são os seus», diz a Escritura, «e os meus caminhos não são os seus» (Is 55, 8). Em face de tamanho mistério, a única resposta apropriada é a gratidão humilde. Trata-se da gratidão de uma criança que reconhece a sua dependência absoluta de Deus em cada coisa e confia que Ele transformará até mesmo as suas tristezas em alegrias, como e quando quiser.

Eu ainda não era essa criança. No entanto, as minhas tragédias e desolações recentes haviam me aproximado mais desse ideal do que os tempos mais felizes de anos passados. Comecei a imaginar como haveria de ser libertador viver em gratidão constante a Deus, o tipo de gratidão que via no meu pai nos seus últimos anos e em toda a vida de Madre Teresa. Como havia de ser libertador o fim das evasões, questionamentos e queixas e o início da aceitação das provações como oportunidades de aproximação de Deus e de perceber que, mesmo que Jesus seja a única coisa que se possui, Ele basta.

Sinal de esperança

No primeiro dia de 2009, John e eu descemos de um navio de cruzeiro em Costa Maya, no México, um pequeno enclave turístico que ainda se recuperava dos estragos causados pelo furacão Dean, que devastara a região um ano e meio antes. O cruzeiro fora uma extravagância que planejáramos nos dias mais sombrios do outono, algo que nos ajudaria a superar o meu primeiro Natal sem o meu pai, e outras férias de fim de ano sem filhos. Ao chegarmos a um porto de desembarque, alugamos um carrinho de golfe e partimos em busca de uma Missa por ocasião da Solenidade de Maria Mãe de Deus, já que se tratava de um dia santo de preceito e não houvera Missas no navio. Tínhamos pouco tempo – havíamos saído tarde e tínhamos de estar de volta no navio até as 17h – e ainda esperávamos conseguir passear pela região depois da Missa.

Nossa tarde logo transformou-se num grande fiasco. Pegamos diversas ruas erradas tentando achar a capelinha afastada que era a única igreja de toda a vila. Finalmente a encontramos, só para constatarmos que ainda estava sendo reconstruída por conta dos estragos do furacão. Quando subimos no carrinho para voltarmos daquela parte distante da península, o motor havia parado de funcionar. Nuvens negras começaram a se acumular no céu e percebemos que os táxis, tão abundantes no porto e na beira da praia, não passavam por onde estávamos.

Depois de vagarmos por uma hora, conseguimos pegar um táxi. O motorista deixou-nos no porto e de lá alugamos outro carrinho de golfe para explorar a localidade. Mal havíamos encontrado a estrada à beira-mar que levava às vistas mais belas do oceano, as nuvens abriram-se acima de nós, liberando uma tempestade que nos deixou encharcados e tremendo de frio, espremendo-nos debaixo de uma arvorezinha magra e contorcida pelo furacão.

Quando, enfim, a chuva parou, tínhamos somente uma hora antes de precisarmos retornar para o navio. Portanto, resignamo-nos a passear pela parte turística mais cheia da praia, que tentáramos evitar. Parei para comprar alguns azulejos de cerâmica colorida de uma mexicana mais ou menos da minha idade que pintava sob uma cobertura com as suas três meninas brincando em volta. Enquanto ela embrulhava os azulejos para mim, olhei bem para aquelas lindas crianças pulando de um lado para o outro entre as vigas da varanda e ao redor da saia da mãe. Aquela mulher era claramente mais pobre do que eu, mas tinha algo que eu queria desesperadamente e não podia ter: meus próprios filhos. Senti aquela minha velha e familiar tristeza ameaçando empapar-me como a camiseta molhada que estava usando.

Bem naquela hora, olhei para o horizonte além do mar e vi dois arcos-íris completos adornando o céu, envolvendo o navio que nos levaria para casa. Pasma com a sua beleza, cutuquei John e mostrei-os primeiro para ele, depois para as três meninas, que puxaram a mãe animadas para lhe mostrarem a vista também. Ela parou de embrulhar a minha compra por um instante e sorriu. Num momento de silêncio, nós seis simplesmente ficamos lá parados, admirando a obra das mãos de Deus.

Ao analisar as cores brilhantes e o formato perfeito daqueles arcos-íris, imediatamente pensei no meu pai, cuja presença era palpável para mim naquele instante. Pensei na canção «*Over the Rainbow*» que apreciáramos juntos antes de ele morrer e nos muitos arcos-íris que John e eu víramos juntos no Havaí anos antes.

Comecei a pensar em toda a vida que tínhamos pela frente quando embarcamos naquele navio para casa. Tínhamos funções de grande significado para desempenhar, um lugar confortável onde descansar a cabeça e um casamento cheio de amor. E existia a probabilidade de termos um filho algum dia. Recentemente havíamos encontrado um especialista em fertilidade com uma nova proposta para o nosso caso e disposto a trabalhar dentro dos limites da nossa fé católica, incluindo a nossa recusa em fazer uso de FIV. E eu também já vinha conversando com uma nova amiga cuja história de sucesso no campo da adoção amenizara alguns dos meus medos sobre as dificuldades legais do processo, e sobre mães que reclamavam os seus filhos biológicos anos mais tarde. Embora eu e John ainda sentíssemos que Deus nos chamava à concepção, não queríamos adiar muito a paternidade. Decidimos passar mais dois meses no início de 2009 tentando ter um filho biológico, e então começaríamos a procurar a adoção.

Também definíramos outra resolução de Ano-Novo: rezar o terço juntos todo dia. Esta meditação bíblica e silenciosa sobre a vida de Cristo e da sua Mãe havia servido de base para quase todos os católicos que admirávamos, incluindo o meu pai e Madre Teresa. Queríamos experimentar também o seu poder nas nossas vidas, e não apenas esporadicamente e sozinhos, mas sim em família, algo que nós dois já éramos em virtude do sacramento do matrimônio.

Olhando para aquela cena à beira-mar, percebi que as trevas que me seguiam desde a morte do meu pai haviam começado a se dissipar e haviam me transformado. Sentia-me mais livre e leve, havendo abandonado as minhas expectativas grandiosas e ilusões de controle. Em lugar da minha desolação, havia não a alegria, mas a promessa de alegria. Com Madre Teresa servindo-me de exemplo, cheguei à convicção de que conseguiria encontrar uma maneira de ser feliz com o que quer que Jesus me concedesse, contanto que o tivesse na minha vida.

Algo naqueles arcos-íris perfeitamente formados à minha frente – não apenas um, mas dois – reforçou a minha convicção. Era como se Deus estivesse me mandando um lembrete – talvez a pedido do meu pai – que dissesse que, com a mesma rapidez e abundância com que Ele trouxe uma beleza incomum àquelas praias que tão recentemente haviam sido devastadas por um desastre natural, poderia criar beleza também a partir da minha devastação.

6
A Exaltação da Santa Cruz

A primeira vez que ouvi a oração foi quando ainda era menina num colégio católico, e ela imediatamente tornou-se a minha oração predileta. Não sabia ainda das suas origens no século XV, ou que fora a favorita do pregador e Doutor da Igreja São Francisco de Sales. Só sabia que soava mais exótica do que o Pai-nosso ou a Ave-Maria, e que começava lembrando a Mãe de Jesus da sua fama de responder sempre às orações que lhe são direcionadas – uma eficaz tática retórica para garantir a sua ajuda, pensava eu. E o mais importante: eu sabia que o *Lembrai-vos* funcionava. Sempre que eu recitava essa antiga oração pela intercessão de Maria, coisas boas aconteciam. Seu poder impressionara-me tanto na minha infância que resolvi não a rezar mais senão em circunstâncias terríveis, por medo de desgastar a sua eficácia.

Lembranças de recitações de infância do *Lembrai-vos* voltaram-me à mente numa frígida manhã de sexta-feira no fim de janeiro de 2009. Estava voltando para casa de carro de um exame de sangue que fiz de manhã cedo no hospital, escutando distraidamente um CD da cantora e compositora católica Danielle Rose. Meu novo médico – um especialista em fertilidade cuja nova abordagem e respeito pela nossa decisão de recusar FIV haviam-nos convencido a lhe dar uma chance – acreditava em testes de gravidez laboratoriais, e não em kits caseiros. Isso significava que eu teria de esperar horas por resultados que me acostumara a receber em três minutos. Eu disse a mim mesma que não me importaria, uma vez que já sabia o que esperar. Depois de quarenta e oito meses de infertilidade, não havia como confundir as súbitas mudanças de humor e de sensibilidade no corpo que previam a menstruação, e não um bebê.

Dirigindo pela estrada sinuosa que levava de volta para casa pelo vale, ouvi as primeiras notas queixosas da versão de Danielle da minha amada oração de infância, *Lembrai-vos*. Esforcei-me por resistir à sua intensidade pungente, determinada a manter as minhas emoções sob controle e superar a decepção do dia como uma mulher forte. Eu já tinha feito as minhas orações por aquilo no início do mês; novamente não engravidei; agora era hora de pensar nos próximos passos que John e eu seguiríamos para buscar a paternidade de outra forma. Embora ainda fosse o primeiro dos dois últimos meses que nos propuséramos a tentar conceber, eu sentia que o esforço havia chegado ao fim e que, por bem ou por mal, a nossa busca pela paternidade biológica terminava naquele dia.

Ao ouvir as primeiras palavras do *Lembrai-vos*, comovi-me apesar de todo o esforço para manter a calma. Aquelas palavras pareciam brotar das minhas entranhas, de uma menininha que ainda sonhava em ter o seu próprio bebé e ainda acreditava que Jesus e a sua Mãe o enviariam. Eu tinha pedido tantas vezes antes, usando aquela oração e milhares de outras. Para que pedir de novo? E no entanto, conforme a música tocava, senti algo que me impulsionava interiormente a fazê-lo, a deixar de lado o meu orgulho e as estatísticas e pedir, mais uma vez, por um milagre. Comecei então a cantar com ela aqueles versos tão familiares:

> Lembrai-vos, ó piíssima Virgem Maria,
> que nunca se ouviu dizer
> que algum daqueles que têm recorrido à vossa proteção,
> implorado a vossa assistência,
> e reclamado o vosso socorro,
> fosse por Vós desamparado.
> Animado eu, pois, com igual confiança,
> a Vós, ó Virgem entre todas singular,
> como à Mãe recorro, de Vós me valho e,
> gemendo sob o peso dos meus pecados,
> me prostro a vossos pés.
> Não rejeiteis as minhas súplicas,
> ó Mãe do Verbo de Deus humanado,
> mas dignai-vos de as ouvir propícia,
> e de me alcançar o que vos rogo.
> Amém.

Quando a música terminou, eu já estava em prantos. «Por favor», eu dizia enquanto passava a mão pelo meu rosto cheio de lágrimas, «por favor, só desta vez, que haja boas notícias».

Cheguei a casa poucos minutos depois, assoei o nariz e retirei-me para o meu escritório sem sequer tomar o meu banho matinal. Liguei o meu computador e decidi que tentaria escrever o máximo possível naquele dia de trabalho, apesar do breve drama por que passara.

Duas horas depois, estava tão imersa na revisão de um parágrafo complicado que me senti desorientada ao ouvir o telefone tocar. Quando vi quem estava na linha, corri para o meu quarto para atender a ligação, esperando isolar as más notícias lá e preservar o meu ambiente de trabalho. Enchendo os pulmões de ar até o limite, levei a mão ao telefone e repeti a mim mesma que uma definição é sempre algo bom, mesmo quando dói.

«Colleen», disse a enfermeira, «tenho boas notícias para você».

A minha mão começou a tremer de modo que eu mal podia segurar o telefone.

«Você está grávida».

«Não».

«Sim, Colleen, você está».

«Não, não pode ser».

Um sorriso começava a espalhar-se pelo meu rosto, mas logo o suprimi.

«Deve haver algum engano», eu disse, relutante em celebrar anos de esperança contida por causa de um erro médico. «Nunca engravidei, nem uma única vez. Nem mesmo cheguei a ter um aborto espontâneo. Deve ser um falso positivo. Você tem certeza de que não é um falso positivo?»

«Tenho certeza, Colleen», disse ela rindo. «Você está realmente grávida».

Pensei que fosse desmaiar quando a ouvi explicar que os níveis de hormônios da gravidez no meu sangue estavam altos demais para se tratar de erro. Perguntei, então, se não tinham trocado a minha ficha laboratorial com a de outra paciente por engano. Não, disse ela, aquele era o resultado e eu estava grávida. Ela falou rapidamente de alguns outros detalhes sobre os exames e consultas que viriam a seguir. Esforcei-me ao máximo para responder da maneira apropriada, mas o sorriso que agora já estampava o meu rosto tornava difícil articular palavras.

As minhas mãos ainda tremiam quando pus o telefone com cuidado de volta na base. Tudo o que me cercava no meu quarto silencioso e de cores discretas parecia mais brilhante e chamativo, pulsando com uma importância cósmica.

«Meu Deus», murmurei, caindo de joelhos e erguendo os olhos para o crucifixo em que fixara o olhar anos antes, quando escutei John discutindo o nosso diagnóstico de infertilidade pela primeira vez. Pensei em Isabel, prima de Maria e mãe de João Batista, que agradecera a Deus por livrá-la da sua esterilidade. Fiz minhas as suas palavras.

«Meu Deus, Vós me livrastes. Jesus, Vós me livrastes. Obrigada, obrigada, Jesus, por me teres livrado!»

Lágrimas desceram pelo meu rosto pela segunda vez naquela manhã. Eu ria alto sozinha e, quando cobria a minha boca, podia ouvir o meu coração bater, maravilhada com o fato de que outro coraçãozinho batia no meu ventre. Por que Jesus fizera isso por mim? Por que agora, depois de tantos anos? Por que eu, se tantas outras mulheres inférteis nunca chegam a receber aquela ligação? Senti-me indigna, recebedora de um presente tão maior do que os meus méritos e expectativas que só pode ser recebido com declarações envergonhadas da própria falta de merecimento. Prometi a mim mesma que, acontecesse o que acontecesse de agora em diante, jamais me esqueceria da gratidão que senti naquele momento.

Depois de alguns minutos de joelhos, levantei-me, peguei a chave do carro e voei para a porta de entrada. Mal consegui conter o meu pé no acelerador a caminho da casa de repouso onde John visitava alguns pacientes naquela manhã. Tentei controlar as expressões faciais quando ele entrou no salão lotado para me encontrar, mas o meu sorriso de orelha a orelha veio à tona e me entregou.

«Estou grávida», disse baixinho e fui tomada num forte abraço.

Alguns curiosos ficaram olhando para nós, provavelmente tentando imaginar o que aquela mulher de cabelos oleosos vestindo um moletom surrado havia dito àquele médico bonito e bem arrumado. Corremos para fora para comemorar a nossa alegria na privacidade do estacionamento coberto de neve, rindo da incompreensibilidade daquilo tudo como crianças no pátio da escola.

«Há alguém aí dentro», disse ele soltando-se do nosso abraço e apontando para a minha barriga.

«Eu sei», respondi, tremendo em meio ao riso enquanto nos esquentávamos um com o outro no frio. «Você consegue acreditar?»

«Não consigo», disse ele.

Uma nuvem de respiração condensada escapou dos

lábios dele, que agora se esparramavam num sorriso tão grande quanto o meu.

«Parece menino ou menina?»

«Ainda não consigo perceber», respondi.

E por um instante pensei: Quase parece ser os dois.

Uma sombra surge

Algumas semanas depois, enquanto estava deitada no consultório para o meu primeiro ultrassom, John e eu tivemos a segunda maior surpresa das nossas vidas.

«Há dois aí dentro», disse friamente a médica examinadora com os olhos fixos na indecifrável tela preta e branca à minha direita. «Agora preciso verificar se ambos têm batimento cardíaco».

John e eu nos surpreendemos, trocamos sorrisos maravilhados e apertamos as mãos. Segurei a respiração enquanto a doutora movia a sonda dentro de mim.

«Detectei o batimento do Bebê A», ela disse.

John apertou a minha mão. Ela moveu a sonda novamente.

«Detectei o batimento do Bebê B».

John soltou uma exclamação abafada de comemoração e nos abraçamos. O milagre da minha gravidez acabara de multiplicar-se. Tinha certeza de que o meu pai tinha algo a ver com aquela novidade: gêmeos seriam um gesto grandioso e ousado, típico do meu pai, que agiu assim durante toda a sua vida. Podia vê-lo chacoalhando o punho lá no céu, dizendo-me que, depois de tantas dificuldades, «você se saiu melhor do que a encomenda».

As semanas seguintes passaram-se numa névoa de náuseas, fadiga e suplementos de progesterona para me proteger da possibilidade de aborto espontâneo. Encontramos um obstetra que trabalhava no hospital perto de casa e segui o seu conselho de manter a minha rotina de exercícios e viagens até onde conseguisse, embora a exaustão às vezes dificultasse muito. O meu apetite robusto desaparecera e o sono vinha mais cedo a cada noite, juntamente com ondas de calor e flutuações de humor que faziam a TPM parecer fichinha. Sentia-me péssima, mas não me importava. Estava grávida – e de gêmeos. Duas pessoinhas cresciam dentro de mim. O que poderia ser melhor?

John e eu resolvemos contar a novidade somente para um punhado de pessoas mais próximas até que concluíssemos com segurança o primeiro trimestre no final de março. Eu não queria comemorar publicamente muito cedo, pelo receio de ter de lamentar um aborto diante de todos. Toda manhã ao acordar, enfiava-me no banheiro a procurar por sinais de uma menstruação tardia, respirando depois aliviada quando não achava nenhum. A minha confiança crescia com o passar de cada dia. Era como se eu estivesse escondendo o maior e melhor segredo da minha vida dentro da minha barriga ainda plana.

Uma tarde no início de março, enquanto John estava fora da cidade e eu estava em casa retocando um discurso que daria num evento pró-vida naquela noite, senti uma umidade estranha no meu assento. Corri para o banheiro e vi uma mancha de sangue vivo na minha roupa de baixo. Tive um sobressalto; as minhas mãos tremiam enquanto digitava o número do consultório de obstetrícia: «É o fim», pensei, «estou perdendo os bebês».

A enfermeira mandou-me comparecer imediatamente para um ultrassom de emergência. Mamãe levou-me, e ficamos as duas caladas enquanto a examinadora buscava sinais de vida na tela. Ela encontrou meus bebês rapidamente. Estavam maiores do que da última vez e os dois coraçõezinhos ainda batiam. O Bebê A até pareceu mover a mão sobre a testa e o peito, fazendo algo que me pareceu ser um pequenino sinal da cruz.

Infelizmente, ela também encontrou algo a mais: um rompimento interno que havia produzido um pequeno bolsão de sangue entre as membranas de uma das placentas e o útero. Aquele hematoma subcoriônico – como seria diagnosticado posteriormente – parecia uma diminuta e inofensiva sombra no ultrassom aquele dia. Porém, uma semana depois tive outro incidente hemorrágico, e depois outro. A sombra estava crescendo.

Meu obstetra continuava a aconselhar a continuidade das minhas atividades regulares. Ele dizia que o sangramento provavelmente não era sério e que, de qualquer forma, não seria influenciado por nada que eu fizesse. Desconsiderou a minha hipótese de que as viagens aéreas pareciam piorar a minha condição, recriminando-me por abandonar com tanta facilidade o meu estilo de vida ativo pelos meus bebês que ainda nem haviam nascido. Também desconsiderou as dúvidas de John acerca das aspirinas para gravidez que outro obstetra me receitara meses antes, como parte de um tratamento experimental para evitar a possibilidade de abortos indetectáveis em início de gravidez.

«Não faz diferença», ele repetia toda vez que John levantava a questão do efeito anticoagulante da aspirina. «A dose é muito baixa para contribuir para o sangramento de Colleen. É melhor ela continuar tomando».

Seguimos o conselho apesar dos nossos instintos. Passei o resto do primeiro trimestre tomando a minha aspirina diária, fazendo vigorosas caminhadas matinais, subindo e descendo de aviões e arrastando a minha bagagem e livros para eventos em todo o país. Os incidentes hemorrágicos continuaram acontecendo, e a cada ultrassom a sombra aumentava. Quando o meu obstetra finalmente reconheceu que se tratava de um problema grave, e que não sabia explicá-lo nem tratá-lo, John e eu estávamos cansados da sua abordagem casual e temerosos pelas vidas dos nossos filhos.

A equipe rotativa de especialistas em tratamentos perinatais que consultamos em seguida confirmou os nossos medos. Agendaram uma série de ultrassons bissemanais para mim e puseram-me de repouso parcial. Embora eu obedecesse estritamente às suas recomendações, as coisas pioravam a cada novo ultrassom. Os bebês cresciam, mas o sangramento também. Havia agora três sangramentos distintos no meu útero, e não um só. Um bolsão de sangue estava em formação entre os sacos gestacionais dos bebês, ameaçando invadir o seu suprimento de nutrientes e acabar com as suas vidas.

«Vai ser uma gravidez terrível e tortuosa», disse-me um especialista após analisar os meus exames.

«Se isto continuar», disse outro, «será bem difícil».

Os ultrassons tiveram os seus bons momentos. A cada novo exame, John e eu víamos mais as criancinhas levadas que Deus moldava no meu ventre a se remexerem e chuparem os dedos. Estávamos apaixonados por elas, apesar dos lembretes frequentes de que talvez nunca as pegássemos nos braços.

Certa manhã de abril, a médica do ultrassom disse que podia dizer-nos o sexo das crianças se quiséssemos saber. E queríamos.

«O Bebê B é menino», disse ela gesticulando para a criaturinha com um narizinho achatado e uma tendência a dar chutes repentinos.

«E o Bebê A», disse apontando para a outra, mais interessada em dormir e soluçar do que em fazer shows para a sonda, «é menina».

John e eu comemoramos, animados com a ideia de termos um de cada. Mas a nossa alegria evaporou-se alguns minutos depois, quando a examinadora apontou para um ponto que parecia ser uma camada extra de pele na nuca de um dos bebês, que é um sinal de síndrome de Down. Senti as minhas mãos gelarem quando a vi chamar a médica de plantão do dia, uma mulher com maior tato do que os seus colegas homens. A médica reconheceu a presença da formação pouco usual, mas pediu que cuidássemos para não tomar conclusões precipitadas.

«Não fique pensando no pior cenário», disse ela acariciando a minha barriga já arredondada. «Vamos dedicar a nossa atenção ao cuidado destes bebês e mantê-los vivos».

Eu sabia que ela estava certa, já que não havia nada que John ou eu pudéssemos fazer se o nosso bebê tivesse, de fato, síndrome de Down. Mesmo assim, aquilo me acertara em cheio. Um dos nossos filhos poderia sofrer de uma síndrome genética grave – se eles sobrevivessem.

A nova médica cancelou a minha aspirina e me prescreveu uma forma mais estrita de repouso. Nada de caminhadas, viagens ou qualquer outra atividade pela maior parte do dia, disse ela, a não ser as curtas caminhadas até o banheiro ou até a cozinha. Obedeci com satisfação, feliz por finalmente haver encontrado uma médica que me dava permissão para fazer o que quisera todo aquele tempo: ouvir a minha intuição e colocar a saúde dos meus bebês em primeiro lugar. Mas ela não nos garantiu que os seus conselhos iriam adiantar. O sangramento agora já envolvia os bebês por todos os lados. Parecia uma simples questão de tempo até que os sacos gestacionais deles se rompessem.

Naquela tarde, John e eu voltamos para casa, deitamos na cama ainda de sapatos nos pés e demos as mãos em silêncio. Percebi uma lágrima escapando pelo seu rosto — a primeira que eu vira desde que o nosso tormento dos sangramentos tinha começado — e senti a minha esperança esvair-se também. Aquilo parecia tão injusto. Por que Deus nos faria chegar tão perto da paternidade, só para tomá-la de nós em seguida?

Recorrendo a Maria

Quatro anos de infertilidade tinham-nos feito conhecer dezenas de novos santos conhecidos pelo seu auxílio em concepções e gravidezes de risco. Sentíamo-nos especialmente próximos de Santa Gianna Beretta Molla, uma médica italiana, esposa e mãe, de que nos falara o Cardeal Raymond Burke quando arcebispo de Saint Louis. Ele nos deu uma relíquia das vestes dela e contou-nos da sua reputação como auxiliadora dos casais inférteis. Também buscamos a ajuda de Madre Teresa, cuja sucessora, Irmã Nirmala Joshi, nos relatou que bebês eram a especialidade celestial dela; e de São Geraldo Majella, um irmão religioso italiano cujo nome adornava uma paróquia perto de casa que possuía um pequeno santuário para aspirantes à maternidade; e de João Paulo II, advogado incansável dos nascituros que ainda não fora beatificado, mas nos parecia um intercessor poderoso mesmo assim. Sempre que rezávamos pedindo filhos, John e eu terminávamos as nossas orações com uma ladainha a esses padroeiros especiais. Sempre deixávamos a padroeira mais poderosa por último: Maria, Mãe de Jesus e Rainha dos Santos.

Continuamos com esse hábito mesmo depois de descobrirmos a gravidez. Era natural que buscássemos para os nossos bebês a proteção da mulher que carregara o menino Jesus no ventre, uma mulher cuja defesa maternal acreditávamos ter desempenhado um papel único e poderoso na concepção dos nossos filhos. Quando vimos que aquelas crianças podiam não sobreviver até o nascimento, foi a Maria que recorremos instintivamente na nossa aflição, implorando que a nossa Santíssima Mãe intercedesse mais uma vez junto ao seu Filho em nosso favor.

Recorrer a Maria não tinha sido sempre fácil para John ou para mim. Havendo sido criado como protestante, John cresceu considerando a devoção mariana estranha e contrária à Bíblia. Mudou de ideia por volta dos vinte anos de idade, quando o seu estudo da Escritura e da Tradição da Igreja, bem como as suas próprias experiências na oração, convenceram-no a abraçar a fé católica e o papel de Maria nela. A minha estima por ela cresceu gradualmente, depois de décadas alternando entre a indiferença, o medo da sua intrusão e os pedidos de ajuda que eu lhe fazia ocasionalmente.

Como muitos outros católicos nascidos após o Concílio Vaticano II, que terminou em 1965, cresci vendo Maria com certa ambivalência. Por um lado, eu sabia que a Tradição católica sempre incentivou grande reverência por Maria, e sentia um afeto natural por ela; por outro, temia prestar atenção demais nela e tornar-me um daqueles católicos retrógrados do período pré-Vaticano II que elevavam Maria a uma posição que pertence somente a Jesus[1]. Também não ajudava o fato de que ela viveu dois milênios antes de mim, e que não deixara livros nem diários que me fizessem sentir mais conectada com ela, como ocorre com santas mais modernas. Eu sabia muito pouco sobre Maria para me sentir genuinamente próxima dela, e tinha demasiado receio da piedade mariana para procurar aprender mais. Eu passara, portanto, os primeiros vinte anos da minha vida vendo o exercício da devoção a Maria da mesma maneira que um garoto de doze anos pensa em beijar a mamãe na entrada do colégio: é coisa de criancinha e, para pessoas mais crescidas, deveria ser exercitada somente em alguma ocasião especial ou na privacidade da nossa casa; mostrar esse tipo de afeto em público seria arriscado e embaraçoso.

---

(1) O Concílio Vaticano II (1962-1965), na Constituição Dogmática *Lumen Gentium*, afirma, seguindo a Tradição da Igreja, que a Santíssima Virgem Maria, Mãe de Deus, é «membro eminente e inteiramente singular da Igreja», e que o seu culto «embora inteiramente singular, difere essencialmente do culto de adoração, que se presta por igual ao Verbo encarnado, ao Pai e ao Espírito Santo, e favorece-o poderosamente», tendo «a virtude de fazer com que, honrando a mãe, melhor se conheça, ame e glorifique o Filho, por quem tudo existe (cf. Col 1, 15-16)». (N. do E.)

Lembro-me da primeira vez que senti essa vergonha. Tinha seis anos e jogava uma espécie de beisebol numa liga municipal de Tallahassee, na Flórida, onde a maioria das minhas colegas de time não frequentava a minha escola. Certa vez, conforme corríamos de volta para o campo, uma colega perguntou-me se eu era católica.

«Sim», eu disse orgulhosa.

Ela torceu o nariz como se houvesse mordido um limão.

«Vocês católicos idolatram Maria», disse ela.

«Não, não a idolatramos».

«Idolatram sim. Vocês colecionam todas aquelas estátuas dela».

«Mas não a idolatramos».

«Idolatram sim», disse ela por cima do ombro enquanto corria para posicionar-se à esquerda na terceira base. «Foi o meu pai que me contou».

Naquela noite, perguntei ao meu pai se aquilo era verdade. Ele disse que eu estava certa; nós não adoramos ou idolatramos Maria. Mas pedíamos a ela que falasse com Jesus para que Ele nos ajudasse, porque ela é sua Mãe, e Ele sempre lhe dá uma atenção especial. Embora a resposta do meu pai fizesse sentido para mim, jamais esqueci a vergonha que senti naquele meu primeiro debate apologético – e o perigo que se insinua numa defesa muito pública de Maria.

Senti aquele mesmo embaraço de novo anos depois, enquanto viajava pela Europa com uma amiga católica praticante logo depois de terminar a faculdade. Entramos numa catedral histórica e tirei do bolso um panfleto sobre Maria que havia pegado em algum lugar no meio do caminho. Quando comecei a lê-lo, a minha amiga perguntou por que estava perdendo o meu tempo com Maria se podia voltar a minha atenção totalmente para Jesus. Fiquei muda, sem saber o que responder.

Fiz uma pergunta semelhante a um amigo, um sacerdote dominicano, pouco tempo depois, ao ouvi-lo descrever a sua devoção cada dia mais profunda a Maria. Não é que eu duvidasse do poder dela como intercessora, eu lhe disse; orações apressadas pelo seu auxílio haviam-me livrado de muitas enrascadas para eu questionar a sua influência junto ao seu divino Filho. O problema era que o lugar de Maria na minha fé permanecia limitado à contenção de desastres. Eu a via como uma espécie de arma secreta espiritual, uma «Mulher Maravilha celestial» que podia vir tirar-nos de qualquer encrenca mesmo que a ignorássemos entre um chamado e outro. Não conseguia ver o que Maria podia me ensinar para além do óbvio: que eu devia recorrer a Deus e aos seus amigos no céu sempre que precisasse de ajuda.

Minha curiosidade acerca de Maria aumentou quando me informei melhor do ensinamento católico sobre ela antes e depois do Concílio Vaticano II. Descobri que a designação «Mãe de Deus» não era uma peculiaridade católica recente, mas uma verdade de fé afirmada no Concílio de Éfeso já no século V, em resposta à heresia nestoriana que afirmava ser Maria somente mãe do Jesus humano. A Igreja rejeitara aquela visão diluída de Maria como um ataque à divindade de Cristo.

Também aprendi que os padres do Concílio Vaticano II jamais pretenderam relegar Maria a uma posição marginal na vida católica. O desconforto, e até mesmo desdém, pela devoção mariana que eu presenciara em algumas das minhas paróquias e colégios católicos baseava-se não num ensinamento autêntico do Concílio, mas num vago «espírito do Concílio», que desprezava Maria e os outros santos. Na realidade, o Concílio louvou Maria de maneira muito acentuada em seu histórico documento de 1964 intitulado *Lumen gentium* («A Luz das Nações»), descrevendo-a como «exaltada acima de todos os anjos e homens e situada abaixo de seu Filho somente», e dizendo que devoção a ela deve ser «fomentada generosamente» e «altamente estimada». Entretanto, as autoridades conciliares observaram no mesmo documento que excessos na devoção mariana podem distrair-nos de Cristo e confundir os não católicos. E eu sabia que aquilo estava certo. Minhas suspeitas acerca do zelo mariano excessivo haviam sido intensificadas por encontros com católicos que sucumbiam a tais excessos: os viciados em aparições que abraçavam cada novo rumor de aparição de Maria sem nenhum senso crítico, mesmo depois que a Igreja as declarava falsas; os bem-intencionados porém desatentos fiéis que passavam Missas inteiras rezando o Terço e ignorando as orações litúrgicas do padre e da assembleia; os propagadores maníacos de novenas que me encurralavam em bancos de igreja e insistiam que, se eu rezasse uma determinada oração a uma determinada aparição de Maria por um determinado número de dias, não haveria como Deus não me conceder o que quer que eu pedisse.

Na *Lumen gentium*, os padres conciliares alertam contra tais «falsos exageros» de piedade mariana, observando que a devoção a Maria deve ser distinta da adoração, que se deve a Deus apenas. A verdadeira devoção a Maria deve levar-nos sempre para mais perto de Cristo e permanecer arraigada em Cristo, dizem, «fonte de toda verdade, santidade e devoção». Este tipo de devoção mariana autêntica «não consiste nem na afeição estéril e transitória, nem numa vã credulidade, mas procede da verdadeira fé, pela qual somos levados a reconhecer a excelência da Mãe de Deus, e movidos ao amor filial para com a nossa mãe e à imitação das virtudes dela».

A progressão descrita pelos padres do Concílio – de uma visão sentimental quase mágica de Maria, a uma genuína afeição, admiração e desejo de imitar as suas virtudes – pouco a pouco ocorreu em minha vida, conforme eu aprendia mais sobre o papel de Maria na História da Salvação. A devoção mariana que me ancoraria em meio às tempestades da minha gravidez de risco aos trinta e quatro anos era fruto de algumas perguntinhas simples que fizera a mim mesma aos vinte e poucos anos: Quem é, exatamente, essa misteriosa mulher de Deus? Por que devo cultivar um relacionamento com ela? E como a devoção a Maria pode tornar-me uma melhor seguidora de Cristo?

Heroína da Bíblia

À primeira vista, a Bíblia curiosamente parece calar-se quando o assunto é Maria. Suas aparições no Novo Testamento são raras e suas falas mais raras ainda. Embora os Atos dos Apóstolos e todos os quatro Evangelhos a mencionem pelo nome, a história da Anunciação – em que o anjo anuncia à jovem virgem que conceberá miraculosamente o Filho de Deus em seu ventre – aparece somente no Evangelho de São Lucas. Mesmo aí, veem-se poucas palavras atribuídas a Maria: uma conversa breve com o arcanjo Gabriel, uma canção de louvor entoada numa visita à sua prima Isabel, e uma fala de duas linhas ao menino Jesus depois de achá-lo pregando no templo de Jerusalém. No Evangelho de João, Maria fala brevemente no casamento em Caná, mas assume um tom submisso. Depois de dizer a Jesus que o vinho dos noivos acabou, e de Ele responder-lhe dizendo que «a minha hora ainda não chegou», Maria aconselha discretamente aos servos que «façam tudo o que Ele vos ordenar» (Jo 2, 5). Jesus realiza então seu primeiro milagre público: ordena aos servos que encham os recipientes de água, que depois Ele transforma em vinho. O mestre-sala elogia fervorosamente a qualidade da criação de Jesus. Maria, enquanto isso, some no plano de fundo sem dizer mais nada.

Numa cultura influenciada pela mídia de massas, que considera a influência de alguém equivalente à sua visibilidade e eloquência, é tentador olhar para o perfil discreto de Maria na Bíblia e concluir que se trata de pouco mais do que uma mera coadjuvante no drama divino. Muitos cristãos agiram dessa forma, deixando de lado a devoção mariana de forma geral – e principalmente os dogmas marianos definidos pela Igreja em séculos mais recentes – por considerar todas essas coisas meros acréscimos à narrativa bíblica que não deveriam encontrar acolhida no cristianismo sério.

De um ponto de vista estritamente textual, essa suspeita faz sentido. A escassez relativa de versículos bíblicos que se refiram diretamente a Maria pode fazer com que se tornem difíceis de digerir os ensinamentos católicos sobre ela, se partimos da presunção de que qualquer coisa que não se encontre explicitada nas Escrituras não pode fazer parte do depósito da fé. Ironicamente, muitos puristas bíblicos que partem de tal presunção não hesitam em recitar credos redigidos séculos depois do ministério terreno de Jesus, ou em reverenciar uma Bíblia que foi, ela mesma, compilada pela Igreja.

Os católicos têm uma visão diferente: acreditam que tanto a Sagrada Escritura como a Tradição levam-nos à verdade sob a orientação do *magisterium* – isto é, a autoridade da Igreja ao ensinar –, que nos guia à melhor compreensão de ambas. Em outras palavras, a Bíblia não se interpreta a si mesma; precisa ser interpretada pela Igreja que a compilou. Sob essa visão, a história de dois milênios de devoção mariana da Igreja informa-nos a maneira como devemos ler referências escriturais a Maria, e a autoridade de ensinamento da Igreja ajuda-nos a desenvolver novas perspectivas bíblicas sobre ela até hoje. Como o católico converso David Mills explica em seu livro *Descobrindo Maria*: «A Igreja tem, ou de fato é, uma tradição viva, e [...] não impõe limites de tempo àquilo que Deus lhe pode ensinar».

A leitura da Bíblia através dessas novas lentes revela--nos referências a Maria tanto no Antigo como no Novo Testamento. Veem-se sinais do seu futuro papel no plano divino em livros tão antigos quanto o Gênesis, quando Deus diz à serpente: «Porei inimizade entre ti e a mulher, e entre a tua descendência e a dela; esta esmagará a tua cabeça, e tu atacarás o seu calcanhar» (Gen 3, 15). A Igreja tradicionalmente dá a Maria o nome de «Nova Eva» aludida nesse versículo, a mulher obediente cujo Filho divino, o «Novo Adão», esmagará a cabeça de Satanás e reverterá a maldição causada pela desobediência do primeiro Adão e da primeira Eva. Outra alusão a Maria pode ser vista no livro de Isaías, que profetiza que «uma virgem conceberá e dará à luz um filho, e lhe chamará de Emanuel» (Is 7, 14).

Para além de referências específicas como essas, detecta-se certo padrão ao longo das Escrituras hebraicas, segundo o qual diversas mulheres desempenham papéis importantes, e até mesmo heroicos, para promover a História da Salvação. Basta pensarmos em Sara, Raquel, Ana, Ester e Judite. Como observa o Papa Bento XVI em seu livro *A Filha de Sião*[2], um livro que escreveu antes da sua eleição papal, muitas daquelas mulheres foram mães ridicularizadas por sua esterilidade que, no final das contas, são abençoadas por sua fé. Seu status como «estéreis porém abençoadas» no judaísmo contrasta diretamente com o status da mulher em religiões pagãs, em que cultos de fertilidade celebravam a promiscuidade, e a infertilidade significava inutilidade. Ratzinger cita essa inversão das expectativas terrenas como precursora, no Antigo Testamento, da concepção virginal de Jesus e da própria virgindade de Maria, que a Igreja Católica crê ter sido preservada durante toda a sua vida. O ato de completa autoentrega de Maria ao dizer «sim» para Deus na Anunciação – e a sua aceitação de todo o sofrimento e perigo social que aquele «sim» ocasionaria para uma jovem em seu lugar – representou a culminação de uma longa tradição bíblica

---

(2) Cf. Joseph Ratzinger, *A Filha de Sião: a devoção mariana na Igreja*. São Paulo, Paulus, 2013.

de mulheres de fé encontrando a realização por meio da entrega de si próprias à inusitada vontade de Deus:

> Com esse «novo nascimento» [...] que contém simultaneamente o abandono da fertilidade terrena, do controle das próprias circunstâncias e do planejamento autônomo da própria vida, Maria faz-se verdadeiramente «Mãe de Deus»; ela é mais do que o simples instrumento de um evento corporal fortuito. Gerar o «filho» pressupõe a entrega de si própria à esterilidade. Torna-se claro aqui o motivo de a esterilidade ser condição para a fertilidade: o mistério das mães do Antigo Testamento faz-se transparente em Maria. Seu significado é revelado na virgindade cristã, começando por Maria.

O próprio conceito de virgindade no cristianismo – a que alguns homens e mulheres são chamados, consagrando-se totalmente a Deus de corpo e alma – é profundamente contracultural numa sociedade que trata o autocontrole sexual como um tipo de neurose. E o ensinamento católico de que Maria não apenas concebeu Jesus virginalmente, mas também permaneceu virgem depois do seu nascimento, mesmo enquanto casada com José, soa uma doutrina misteriosa e desnecessária, tida como evidência da aversão do catolicismo à sexualidade feminina.

No entanto, como sugere o argumento de Bento XVI sobre as heroínas bíblicas estéreis porém abençoadas, o nascimento virginal e a virgindade perpétua de Maria não constituem indícios do triunfo do machismo, mas sim ataques a ele. Num mundo que sempre tende a valorizar a mulher mais pela sua fecundidade e atratividade sexual do que pela sua alma – uma tendência tipicamente observável nos antigos cultos a deusas em que a prostituição, abortos forçados e infanticídio de meninas eram comuns – a virgindade perpétua de Maria desafia o *status quo*. Sua consagração total a Deus confirma o valor e a importância das mulheres em si mesmas, sem que se tenha de levar em conta a sua habilidade de satisfazer sexualmente ou de prover um grande número de herdeiros para os seus maridos. Como coloca Edith Stein, o ideal cristão de virgindade encarnado por Maria apresenta uma «mudança fundamental na condição da mulher» que afeta a todas, sejam elas solteiras, consagradas ou casadas. O casamento e a maternidade não são mais as únicas maneiras para uma mulher servir a Deus, diz Edith, e mesmo para aquelas que escolhem ser esposas e mães, a entrega total de Maria a Deus no exercício da maternidade é um lembrete de que a sua prioridade maior deve ser a fidelidade a Deus.

Maria nos Evangelhos

A fidelidade de Maria a Deus tem a sua manifestação bíblica mais clara nos relatos da Anunciação e da Visitação, ambos encontrados no primeiro capítulo de Lucas. A Anunciação começa com o arcanjo Gabriel saudando Maria: «Ave, cheia de graça, o Senhor é contigo». Gabriel diz à virgem perplexa que ela encontrara «graça aos olhos de Deus» e que conceberia o Filho divino em seu ventre. Maria faz a pergunta óbvia: «Como se fará isso, pois não conheço homem?», e Gabriel responde que aquela concepção seria um ato divino, semelhante ao que possibilitou a gravidez da sua prima Isabel já em idade avançada. A resposta de Maria é simples e profunda: «Eis aqui a serva do Senhor. Faça-se em mim segundo a tua palavra» (Lc 1, 26-38).

Maria então viaja para as montanhas em visita a Isabel. Assim que as primas grávidas se veem, o bebê no ventre de Isabel, João Batista, dá um salto dentro das suas entranhas. Isabel saúda Maria com termos parecidos com os de Gabriel, chamando-a de «bendita entre todas as mulheres» e de «Mãe do meu Salvador». Isabel louva Maria não apenas pelo Filho divino que ela carrega no ventre, mas também pela fé que permitiu que Maria recebesse aquela criança em seu coração: «Bem-aventurada és tu que creste, pois se hão de cumprir as coisas que da parte do Senhor te foram ditas» (Lc 1, 45). Maria responde com o seu *Magnificat*, um hino de gratidão humilde pelas graças que o Senhor lhe concedera:

> Minha alma glorifica ao Senhor, meu espírito exulta de alegria em Deus, meu Salvador, porque olhou para sua pobre serva. Por isto, desde agora, me proclamarão bem-aventurada todas as gerações, porque realizou em mim maravilhas aquele que é poderoso e cujo nome é Santo. Sua misericórdia se estende, de geração em geração, sobre os que o temem. Manifestou o poder do seu braço: desconcertou os corações dos soberbos. Derrubou do trono os poderosos e exaltou os humildes. Saciou de bens os indigentes e despediu de mãos vazias os ricos. Acolheu a Israel, seu servo, lembrado da sua misericórdia, conforme prometera a nossos pais, em favor de Abraão e sua posteridade, para sempre (Lc 1, 46-55).

A Igreja sempre viu grande significado nos detalhes desses dois relatos. Em primeiro lugar, vemos a saudação de Gabriel a Maria («cheia de graça»), que a Igreja lê como referência ao privilégio único que Deus concedeu a Maria: a total liberdade tanto do pecado original quanto do pecado pessoal desde o momento da sua concepção. Conhecido como «Imaculada Conceição», este dom único de Deus permitiu que Maria se tornasse a «Nova Eva», uma mulher repleta da graça divina ao longo de toda a sua vida. Isso lhe deu a liberdade de oferecer a Deus seu perfeito «sim» na Anunciação, um «sim» purificado de quaisquer traços de dúvida, egoísmo ou vanglória.

A preservação de Maria do pecado original não apagou a sua humanidade ou a sua necessidade de Redenção. Ela simplesmente recebeu a Redenção, segundo palavras do Concílio Vaticano II, «de uma forma mais exaltada, em virtude dos méritos do seu Filho». Esse dom especial preparou-a para a sua missão especial como Mãe de Deus. Como explica o bispo Fulton Sheen em *O primeiro amor do mundo*[3]:

> Tinha de haver alguma criatura como Maria; caso contrário, Deus nunca teria encontrado ninguém por meio de quem Ele pudesse adquirir, de forma apropriada, uma natureza humana. Um político honesto que pretende realizar reformas sociais busca assistentes honestos. O Filho de Deus, ao iniciar uma nova criação, procurou por algo daquela Bondade que existira antes do domínio do pecado. Teriam surgido, em algumas mentes, dúvidas acerca do Poder de Deus se Ele não houvesse mostrado um favor especial à mulher que se tornaria a sua mãe.

---

(3) Fulton Sheen, *O primeiro amor do mundo*. São Paulo, Molokai, 2014.

Junto com a Imaculada Conceição de Maria, há também a doutrina católica da sua Assunção, que determina que o corpo de Maria não sofreu decomposição quando a sua vida terrena chegou ao fim, e que ela já se encontra unida a Deus em corpo e alma no céu. Ela já experimentou, em outras palavras, a total Redenção e Ressurreição do corpo, que o resto de nós aguarda no dia do Juízo Final. Tal ensinamento provém de uma venerável tradição tanto do Oriente como do Ocidente, segundo a qual fiéis durante milênios sempre julgaram lógico que o Deus que preservara o corpo de Maria do pecado e da corrupção por toda a sua vida, e que fizera dele a sua morada, continuasse a preservá-lo da corrupção mesmo depois do fim da vida terrena de Maria. Como Bento XVI, na época Cardeal Joseph Ratzinger, observa em *A Filha de Sião*, a Assunção de Maria está inextricavelmente ligada à sua Imaculada Conceição, àquela perfeita pureza de coração que possibilitou que a graça de Deus preenchesse cada canto de sua alma, não deixando nenhum espaço para o pecado e as suas consequências corruptoras. «Onde está a totalidade da graça, lá está a totalidade da Salvação», diz Bento XVI, que descreve o dogma da Assunção como «o mais alto grau de canonização» para a mulher que previu que «por isto, desde agora, me proclamarão bem-aventurada todas as gerações».

Gerações proclamaram-na bem-aventurada não somente por seus privilégios únicos, mas pelo papel que ela desempenha em nosso encaminhamento em direção à união com Deus – a união plena de corpo e alma de que ela já goza. Todos os santos procuram encaminhar-nos a esse propósito, mas o direcionamento de Maria apresenta uma característica distintamente maternal. Dois relatos do Evangelho de João dão-nos mostras de Maria cumprindo esse papel de mãe. O primeiro é o do casamento em Caná, em que ela intercede pelos recém-casados cujo vinho acabara – um problema material que nos revela que nada é pequeno demais para pedirmos a sua intercessão. O segundo é o relato das palavras finais de Jesus a João na Cruz, com as quais Ele o instrui a adotar Maria como sua própria mãe:

> Quando Jesus viu sua mãe e perto dela o discípulo que amava, disse à sua mãe: Mulher, eis aí teu filho. Depois disse ao discípulo: Eis aí tua mãe. E dessa hora em diante o discípulo a levou para a sua casa (Jo 19, 26-27).

Em sua encíclica *Redemptoris Mater*, de 1987, João Paulo II afirma que essa passagem revela o desejo de Jesus de tornar Maria «mãe de cada indivíduo e de toda a humanidade». A resposta de João a tal dom – ele «a levou para a sua casa» – ensina-nos como responder também: devemos dar as boas-vindas a Maria em nossos lares e corações, confiando ao seu cuidado materno nosso crescimento espiritual e nossas preocupações diárias.

João Paulo II adverte que a função materna de Maria jamais deve ser separada de Jesus, aquele que a Igreja, seguindo as palavras de São Paulo nas Escrituras, identifica como o «único mediador» entre Deus e a humanidade. Como o colocam os padres do Concílio Vaticano II, a maternidade espiritual de Maria «não obscurece nem diminui de forma alguma esta mediação única de Cristo, mas revela melhor o seu poder. [A influência de Maria] emana da superabundância dos méritos de Cristo, baseia-se na sua mediação, depende inteiramente dela, e dela haure suas forças. Não impede de nenhuma maneira a união imediata dos fiéis com Cristo, mas, pelo contrário, a fomenta». Em outras palavras, devemos recorrer a Maria como a nossa auxiliadora no caminho que leva à união com Cristo, porque Ele mesmo nos indicou que o fizéssemos, sem esquecermos que todo o poder se origina de Deus somente.

Modelo e Mãe

Com todos os seus privilégios únicos, Maria pode parecer um pouco remota demais para compreender as nossas loucas vidas. Como nos poderíamos identificar com alguém que nunca violou a vontade de Deus, nem no menor dos detalhes, e já vive na alegria perfeita de corpo e alma com Ele? Como uma de nós mulheres poderia evitar uma ponta de inveja desta «bendita entre as mulheres» que encarna toda a santidade e virtudes femininas de que temos falta? Sim, Maria levou a vida em nosso mundo decaído; porém, ela o fez sem possuir a nossa tendência inata ao pecado. Que dificuldades poderia ela ter enfrentado na vida?

Lutando para entender essas questões, foi surpreendente e, de certa forma, reconfortante descobrir quantos teólogos creem que Maria teve, na verdade, uma vida mais dura do que as nossas, justamente por sua natureza imaculada tornar a vida tão mais dolorosa num mundo pecador como o nosso. Como Jesus, Maria provavelmente interagia com o mundo com uma sensibilidade aguçada, consciente dos mais sutis sussurros da voz de Deus tanto quanto dos menores sofrimentos nas vidas dos outros. As crueldades e injustiças casuais de cada dia que infligimos às pessoas sem pensar provavelmente a incomodavam mais do que incomodariam a alguém com um coração já calejado e endurecido pelo pecado. E a tortura e crucifixão do seu Filho inocente devem ter partido o seu coração. São Lucas faz uma alusão ao sofrimento de Maria no relato da apresentação de Jesus no templo, onde o profeta Simeão segura o pequeno Jesus nos braços e adverte Maria de que seu Filho está destinado «a ser um sinal que provocará contradições. [...] E uma espada trespassará a tua alma» (Lc 2, 34-35).

São Lucas não nos diz como Maria reagiu à profecia de Simeão, mas duas outras histórias no mesmo capítulo dão-nos pistas. Quando pastores desconhecidos vêm adorar o seu bebé recém-nascido e a informam de que um anjo lhes contara que o seu Filho salvaria o mundo, Maria não respondeu vangloriando-se ou tratando-os de maneira arrogante. Em vez disso, diz São Lucas, «Maria conservava todas estas palavras, meditando-as no seu coração» (Lc 2, 19). Fez o mesmo ao encontrar o seu Filho, agora aos doze anos de idade, pregando no templo de Jerusalém depois de uma busca de três dias que deixara tanto ela como José em pânico. Maria pergunta a Jesus por que Ele lhes dera um susto tão grande. Ele responde com outra pergunta: «Não sabíeis que devo ocupar-me das coisas de meu Pai?» Maria «não compreendeu o que Ele lhes dissera», diz São Lucas, mas «guardava todas aquelas coisas em seu coração» (Lc 2, 49-51).

De todos os seus dons, era o jeito contemplativo de Maria lidar com a vida – seu hábito de levar à oração as alegrias e tristezas da vida, ponderando-as em seu coração – que mais me surpreendia e desafiava. Como a maioria das mulheres que cresceram no auge do moderno movimento feminista, eu também havia crescido pensando que a força feminina é equivalente à sua capacidade de agir e expressar-se. Eu sabia que mulheres de Deus muitas vezes são chamadas a se posicionarem e a saberem expressar as suas opiniões. Maria lembrava-me de outra verdade: a de que a maior força de uma mulher reside na comunhão silenciosa com Deus, e de que às vezes a coisa mais radical que ela pode fazer é deixar de esbravejar e protestar para observar e rezar.

Essas revelações fizeram-me perguntar a mim mesma como pude deixar Maria de lado por tanto tempo como se fosse uma santa unidimensional de quem não há muito que dizer e com quem pouco há que aprender. Com os meus estudos sobre a sua vida e espiritualidade, Maria começava a tomar forma para mim, e se fazia mais presente e real do que qualquer outro santo antes fora. Ainda que a sua santidade por vezes me intimidasse, via-me ser cada vez mais atraída por ela – não somente como modelo a seguir, mas como mãe.

A maternidade de Maria adquiriu novo significado para mim certa tarde, quando passei na igreja em que fora batizada em Green Bay, Wisconsin. Minha mãe e eu estávamos lá juntas, em meio a uma visita à minha avó. A viagem havia sido difícil, cheia das tensões que tipicamente vêm à tona quando três gerações de mulheres se reúnem debaixo do mesmo teto. Sentada num dos bancos perto do altar, lembro-me de observar como era estranho o fato de eu e minha mãe sermos tão mais próximas do que minha mãe era da minha avó, sendo que até mesmo o nosso relacionamento tinha a sua parcela de questões mal-resolvidas. Pensei em como o meu relacionamento com os meus filhos seria: provavelmente amoroso e carinhoso, mas ainda assim marcado por alguma discordância ou decepção, que por sua vez teriam as suas raízes em algum erro que eu cometeria como mãe. Como seria maravilhoso poder ser uma mãe perfeita, uma protetora totalmente livre de defeitos ou tendências egoístas cuja orientação amorosa jamais errasse. «Mas não vai ser assim», pensei melancólica olhando em volta do santuário e imaginando a minha avó aspirando ao mesmo objetivo naquela mesma igreja décadas antes. Não existe mãe perfeita.

Foi então que os meus olhos se ativeram a uma imagem de Maria perto do altar. Como o azul de suas vestes, uma imagem interna arrebatou-me a alma: «Esta é a tua mãe; esta é a mãe perfeita que desejas ter e ser». Percebi que Maria era a minha mãe tanto quanto a mãe que me carregara no ventre, e que me amava com o mesmo amor intenso e insondável que toda boa mãe sente pelo filho – um amor especialmente puro justamente porque provinha do seu coração maternal imaculado.

Procurei a minha mãe e encontrei-a com os olhos fechados em oração diante do mesmo altar e da mesma imagem, e pensei: Maria é mãe dela também. A maternidade de Maria é universal. Inclui a todos sem tentar possuir a ninguém. Ao contrário de criar divisões entre as mães terrenas e seus filhos, ou de fazer com que outras mães se sintam incapazes, o amor maternal de Maria possibilita-nos reagir com gentileza às nossas próprias falhas e àquelas de quem amamos, porque sabemos que a nossa mãe celestial pode ajudar-nos a consertar aos poucos os nossos relacionamentos humanos imperfeitos. Ela pode até nos ajudar a melhorar o nosso relacionamento com o seu Filho, intercedendo por nós para que nos seja concedida a graça de segui-lo mais de perto em cada aspecto da vida, incluindo o da vida familiar.

Aquela percepção fez-me alcançar um novo nível na minha devoção à Mãe de Deus. Meu hábito de recorrer a Maria nas minhas preocupações intensificou-se e, quanto mais recorria a ela, mais me sentia atraída pelo ideal de amar, servir e imitar o seu Filho. Quando rezava para ela pedindo um favor, acabava sempre agradecendo a Jesus ao recebê-lo. Passei a escutar mais atentamente os estímulos do Espírito Santo e a perguntar a mim mesma em situações complicadas: O que Maria faria? A pergunta surgia com muita frequência quando eu era desprezada ou insultada de uma maneira que normalmente me levaria a responder irritada ou a ter ataques de autopiedade. Ainda me afetavam aquelas tentações, e muitas vezes eu ainda sucumbia a elas. Mas considerar Maria – uma mulher que era criatura como eu, exceto pelo pecado – ajudava-me a imaginar respostas diferentes. Quando me lembrava de recorrer a ela, meus rápidos e furtivos pedidos de ajuda davam-me aquela dose extra de força de que eu precisava para superar a tentação e optar pela gentileza.

Minha devoção a Maria continuou a crescer depois que conheci John. Ver aquele rapaz nascido e criado num ambiente protestante inicialmente brigar com a ideia, e depois abraçar ardentemente o papel de mãe espiritual de Maria edificou-me e fez-me buscar a humildade. A devoção mariana rapidamente tornou-se uma característica central da nossa vida espiritual conjunta. Começamos rezando a Salve Rainha – uma tradicional oração mariana – juntos no telefone toda noite antes de dormir. O hábito continuou depois de ficarmos noivos e da minha mudança para Washington, onde passei a rezar uma Salve Rainha silenciosa todo dia ao meio-dia – um jeito rápido de lembrar de Jesus e de Maria no meio do expediente de trabalho. Quando o dia do nosso casamento chegou, John e eu sentimos a necessidade de honrar a Mãe de Deus com flores, hinos e uma oração especial em nossa Missa de casamento. Ajoelhamos diante de um ícone de Nossa Senhora do Perpétuo Socorro naquele dia de dezembro mais quente que o normal, aproximei-me tanto quanto me permitiam as dobras do meu vestido branco de cetim e pedi a Maria que nos mantivesse unidos a Jesus e um ao outro até nas mais árduas tribulações da vida de casados.

Quando a primeira tribulação nos atingiu sob a forma do diagnóstico de infertilidade, nossa devoção a Nossa Senhora aprofundou-se ainda mais. Passei a recorrer a ela diariamente, quando não toda hora, enquanto suportava exames invasivos e lamentava a chegada das minhas menstruações, experiências que eu sabia que seriam compreensíveis para outra mulher. John e eu começamos a visitar santuários marianos perto de onde morávamos para implorar a Maria auxílio na concepção, e fizemos diversas peregrinações internacionais em locais de aparições marianas aprovadas pela Igreja. Em 2005, atravessamos de joelhos a enorme praça do santuário de Nossa Senhora de Guadalupe, na Cidade do México, seguindo uma tradicional penitência que me deixou com buracos nos meus *jeans* e uma sensação de certeza de que a bela mulher representada naquela *tilma* de quinhentos anos de idade nos ajudaria a ter um filho. Em 2006, fizemos o quente e empoeirado Caminho da Cruz de Fátima, em Portugal, e rezamos por um filho no mesmo lugar em que os três pastorinhos viram Maria em 1917.

Nossa mais memorável peregrinação mariana foi em maio de 2006, quando atravessamos os Pireneus franceses até a pequena vila de Lourdes. Existe lá uma pequena fonte d'água, numa gruta nas montanhas, que vem sendo associada a milagres médicos desde que Bernadette, uma garotinha pobre, teve visões de Maria naquele mesmo lugar em 1858. As procissões noturnas à luz de velas e ao som das orações do Rosário foram o ponto alto da nossa viagem, conforme passeávamos pelo pitoresco complexo de Lourdes com milhares de pessoas de todas as línguas e raças, todas unidas em oração e conduzidas pelos peregrinos em cadeiras de rodas que são postos em posição de honra em qualquer cerimônia em Lourdes. Queríamos ter a experiência completa de Lourdes: nos famosos banhos, onde homens e mulheres se dividem em filas distintas, separamo-nos, tiramos a roupa e nos cobrimos apenas com uma toalha, permitindo que pessoas instruídas nos mergulhassem na água gelada enquanto rezávamos uma Ave-Maria pelas nossas intenções. Não sei se o banho me curou de algo, mas, assim como os meus joelhos esfolados no passeio em Guadalupe, ele com certeza removeu algumas camadas de orgulho da minha alma.

Uma experiência elevou-me o espírito enquanto caminhava pelos fundos da antiga igreja de Lourdes no último dia da nossa visita. Estava rodeada de falantes de todas as línguas, exceto a minha. De repente, escutei o Evangelho de Lucas sendo lido em inglês atrás de uma portinha lateral que eu mal havia notado quando entrei no santuário. A passagem em questão era o relato da Anunciação, em que Gabriel conta a Maria que Isabel engravidara miraculosamente: «Também Isabel, tua parenta, até ela concebeu um filho na sua velhice; e já está no sexto mês aquela que é tida por estéril, porque a Deus nenhuma coisa é impossível» (Lc 1, 36-37). Aquelas palavras – «a Deus nenhuma coisa é impossível» – ressoaram-me aos ouvidos, e tive certeza de que Maria queria que eu as ouvisse.

Retornei para casa e enfrentei mais dois anos de infertilidade até que as minhas preces fossem atendidas. Porém, nunca esqueci aquela experiência nem a forte sensação que tive em cada uma das nossas peregrinações de que Maria tinha a intenção de ajudar-nos a sermos pais; nem deixei de notar que, duas semanas depois de começarmos a recitar o nosso Rosário noturno juntos, fomos abençoados com a gravidez que nos escapara por tantos anos.

Essas lembranças adquiriram um significado especial quando me deparei com a possível perda dos nossos filhos ainda no ventre em abril de 2009, uma década depois de iniciar a minha busca por conhecer Maria. Queria desesperadamente acreditar que o Deus que torna tudo possível não revogaria o seu próprio milagre logo depois de concedê-lo. Minhas orações pela intercessão de Nossa Senhora eram mais fervorosas do que nunca, e eu esperava que a Santíssima Mãe que nos levara tão longe não nos abandonasse agora.

Esperando com Maria

Conforme o meu segundo trimestre vinha com tudo e a minha barriga começava a crescer, John e eu importunamos o céu pelos nossos bebês. Espalhamos a notícia da gravidez para nossos parentes e amigos pedindo as suas orações, mais especificamente a Maria sob o título de Nossa Senhora de Lourdes. Eu tinha bastante tempo para a oração, leituras espirituais e conversas com amigos, já que passava a maior parte do dia deitada no sofá da sala, após as minhas horas de descanso na cama.

Minha consulta seguinte com o médico no final de abril trouxe notícias boas e ruins. Os bebês ainda estavam crescendo, e a dobra cutânea a mais que detectáramos no ultrassom anterior acabou revelando ser só uma sombra, e não um sinal de síndrome de Down. O sangramento, porém, tinha piorado; o fluxo externo de sangue vivo estava quase contínuo agora, e as vibrações irregulares que sentia no meu abdômen não eram chutes dos bebês, mas contrações – sinal de que talvez estivesse destinada a um parto prematuro, algo que já era um risco pelo simples fato de eu estar grávida de gêmeos. Estava ainda na décima sétima semana; o mínimo que precisaríamos esperar para gêmeos era trinta e seis. Se os meus filhos viessem antes de trinta e duas semanas, provavelmente teriam complicações sérias. Se viessem antes de vinte e quatro semanas, segundo os médicos eles morreriam.

A pior parte de receber esse tipo de notícia era pensar no que fazer depois: ir para casa e deitar sozinha no sofá, incapaz de fazer qualquer coisa pelos meus filhos que não fosse rezar. Com o passar das horas e dos dias, passei a pensar muito sobre a espera – toda a espera que tivera de aguentar na vida, quase sempre de má vontade, e a espera por que Maria passara nos nove meses em que carregara Jesus no ventre. Não deve ter sido uma gravidez fácil. Lá estava ela, uma garota pobre de não mais de quinze anos de idade, subitamente tendo de lidar com a maternidade e com o possível colapso do seu casamento incipiente com um homem que inicialmente reagiu à gravidez surpresa com planos de divórcio. Ela passou o primeiro trimestre longe de casa, auxiliando uma prima grávida; perto do fim do terceiro trimestre, viajava com José pelo deserto. Teve o seu parto num celeiro – não exatamente a melhor opção médica – e passou o período de recuperação pós-parto recebendo adoradores numa maternidade improvisada nada confortável. Quando finalmente se despediu da última visita inesperada, seu marido a acordou no meio da noite dizendo que precisavam fugir para o Egito porque indivíduos poderosos procuravam matar o bebê.

A maternidade só ficou mais difícil para Maria com o passar dos anos. A profecia de Simeão certamente ecoava em sua cabeça por ocasião do exílio no Egito, da perda do menino Jesus em Jerusalém, do encontro com seu Filho ensanguentado a caminho do Calvário, e quando segurou nos braços o seu corpo torturado e sem vida. Maria pode ter sido a mãe perfeita, mas muito pouco da sua experiência materna terrena foi perfeito.

Esse pensamento servia-me de consolo enquanto eu lutava para entender o sentido do meu caminho tortuoso em direção à maternidade. Sentia-me tão impotente esparramada naquele sofá, e acreditava que Maria conhecia aquela sensação. Quanta força não lhe fora necessária para permanecer firme em face de tanto sofrimento, recusando-se a sucumbir à amargura, à autopiedade ou à tentação de fugir como todos os apóstolos dEle haviam fugido. Talvez Maria não compreendesse bem o que estava acontecendo com o seu Filho; a morte de Jesus provavelmente foi para ela um golpe devastador. Mesmo assim ela ficou e rezou, confiando que Deus tiraria o bem daquele desastre aparente. Sua disposição de deixar de lado os próprios sonhos pelo Filho, e de abraçar a vontade misteriosa de Deus, fez de Maria uma cooperadora, em vez de um obstáculo, na missão salvífica de Cristo. Como diz Santa Catarina de Sena:

> [Jesus] correu como alguém apaixonado, aguentando a dor, a desgraça e o abuso rumo à sua morte vergonhosa na Cruz. Maria fez exatamente o mesmo, [...] pois não podia desejar nada além da honra de Deus e da salvação das suas criaturas. É por isso que os Doutores [da Igreja] nos ensinam, referindo-se ao imenso amor de Maria, que ela teria feito uma escada dEla própria para que colocassem seu Filho na Cruz, se não houvesse outro jeito. Tudo isso porque a vontade do seu Filho residia dentro dela.

O amor de sacrifício e libertação de Maria oferece um contraponto renovador ao perfeccionismo artificial que passa por competência materna em nossa cultura de hoje. Dada a minha tendência inata ao perfeccionismo, imaginei que talvez Deus estivesse usando a minha gravidez tumultuosa e o exemplo de Maria para ensinar-me a virtude de que mais precisaria como mãe: uma disposição à entrega. Não tinha garantia alguma de que os meus bebês sobreviveriam ao próprio nascimento. Mas, se sobrevivessem e os meus sonhos de maternidade se realizassem, eu sabia que precisaria resistir repetidamente ao impulso do perfeccionismo materno – da insistência ensandecida de que a minha vida e as vidas dos meus filhos se desenvolvessem da maneira que eu achasse melhor. Se alguém podia ajudar-me nessa batalha, com certeza era Maria, a mãe dolorosa cuja árdua jornada como mãe terminou em glória eterna.

Sem explicação

Numa tarde de quinta-feira em meados de maio, o mês tradicionalmente associado a Maria, John e eu fomos ao hospital para outro ultrassom. Estávamos muito nervosos para conversar enquanto John me empurrava na cadeira de rodas da recepção até o centro perinatal. Tentava desviar o olhar das fileiras de mães recentes que passavam ao meu lado segurando o tipo de recém-nascido rechonchudo e saudável que eu talvez jamais chegasse a levar para casa. Eu ainda não havia completado cinco meses de gravidez e não sabia se o ultrassom daquele dia acharia os meus filhos vivos ou mortos no meu ventre.

Suspiramos aliviados ao vermos que o ultrassom confirmava os batimentos cardíacos de ambos os bebês e mostrava os seus pequenos corpos esticando-se na tela. Minutos depois, minha perinatologista entrou na sala com as imagens do exame na mão.

«Seus bebês estão crescendo», disse ela. «E o sangramento não se alastrou».

Foi a primeira boa notícia que ouvimos acerca do

sangramento desde que ele havia começado, e tínhamos certeza de que se tratava do resultado das nossas orações. Quando a médica saiu da sala, John e eu apertamos as mãos um do outro e sussurramos uma Ave-
-Maria em agradecimento.
Na consulta seguinte duas semanas depois, o sangramento parecia ainda menor. Num mês havia sumido.
«O que aconteceu?», perguntei à doutora.
«É um milagre», ela respondeu.
Eu não sabia o que pensar daquele comentário, uma vez que ela não me parecia particularmente religiosa. Pressionando-a um pouco mais na visita seguinte, respondeu-me que ela e os seus colegas haviam-se surpreendido com o meu caso e não conseguiam entender a rapidez da melhora. Um deles até pediu fotos dos meus gêmeos quando nascessem para incluí-las num material que estava preparando para os seus alunos de medicina. Ele queria que estudassem a minha gravidez, disse ela, «porque era o pior sangramento que ele já vira, e fora seguido de uma resolução inexplicável».
Da nossa parte, John e eu não precisávamos de nenhuma explicação. Jesus acabara de nos enviar outro milagre.

Dores de parto

Conforme a primavera se convertia em verão, minha médica liberou-me do repouso absoluto e eu me deliciei com a minha recém-recuperada liberdade. Começamos a preparar o quartinho do bebê e a ler sobre os hábitos de sono de recém-nascidos. Voltei cautelosamente a frequentar a Missa diária pela primeira vez em meses. Minhas amigas planejavam um chá de bebê. A vida era bela.

Mas os meus dias de liberdade total não duraram muito. Pouco depois de ser liberada, fui posta de repouso novamente sob perigo de parto prematuro, depois que um susto às trinta e uma semanas mandou-me para o hospital. Os médicos estavam preocupados com as crescentes contrações severas que eu sentia sempre que caminhava fora de casa ou passava mais tempo de pé. Ainda pude aproveitar um chá de bebê maravilhoso no dia da festividade da Assunção de Maria, e ocasionais passeios depois disso. Mas acabei voltando a passar a maior parte do meu tempo no sofá, rezando para conseguir chegar à meta de trinta e seis semanas. Maria mais uma vez tornou-se a minha companheira constante, a mãe contemplativa e paciente a quem confiava os meus pequeninos.

Em treze de setembro, um domingo ameno que marcava a minha trigésima sexta semana de gravidez, John e eu visitamos o amplo Forest Park no coração de Saint Louis antes de irmos à Missa na Catedral. Os médicos haviam dito que eu estava livre para fazer o que quisesse àquela altura; decidi, então, fazer uma caminhada de três horas no parque com John. Ele filmou a minha barriga, já do tamanho de uma bola de basquete, enquanto eu dizia à câmera como estava ansiosa para conhecermos os nossos bebês. A caminhada cansou-me muito e, quando finalmente me lancei na cama às oito da noite, estava exausta. No entanto, a dor manteve-me acordada e logo percebi que já estava em trabalho de parto.

Como em todas as outras áreas da minha vida, eu tinha opiniões sólidas sobre que tipo de experiência de parto eu esperava ter. Planejava estar acordada e envolver-me no processo, lúcida o suficiente para segurar os meus filhos nos braços e dar-lhes de mamar assim que nascessem, sendo capaz de dedicar-me a fortalecer os meus laços com eles nos primeiros dias de vida. Não queria o uso de fórceps, sucção, episiotomia ou parto cesárea, se pudesse evitar tais expedientes. Eu não tinha nenhuma ilusão quanto à minha tolerância à dor – sabia que o parto natural não era para mim –, mas tinha a intenção de adiar a anestesia o máximo possível, procurando com isso tornar mais rápido o parto. Também queria evitar certas drogas de que as minhas amigas me haviam avisado: a pitocina, que acelera o parto mas também pode torná-lo mais doloroso e arriscado, e o sulfato de magnésio, uma medicação utilizada para combater a eclâmpsia com efeitos colaterais psicodélicos e nauseantes que impedem que a mãe amamente ou cuide do recém-nascido nas primeiras vinte e quatro horas depois de tomá-la.

A realidade subverteu rapidamente as minhas fantasias. Passei vinte e duas horas em trabalho de parto, com a pitocina que não queria e tendo de submeter-me ao uso de fórceps, sucção e uma episiotomia para retirar a minha filhinha, que lutava bravamente para ficar no útero. Quando ela finalmente emergiu às 17h26 daquela segunda-feira, as enfermeiras a levaram embora antes que pudesse olhar para o seu rosto. Ocuparam-se em tirar as impressões dos pezinhos e mandar John posar para fotos com ela, enquanto eu tentava chamar-lhes a atenção debilmente da mesa de cirurgia, implorando que alguém me deixasse ver o meu bebê.

Enquanto isso, os médicos haviam voltado a atenção

para o meu menino. Quando o obstetra o alcançou dentro de mim, descobriu que ele havia trocado de posição e seu cordão umbilical estava posicionado de forma a sair do útero antes dele. Se isso acontecesse, o seu pequeno corpo pressionaria o cordão até cortar o fluxo de sangue que o alimentava, dessa forma sufocando-o. O médico começou a jogar-me de um lado para o outro na mesa como um pedaço de carne, gritando ordens para as suas assistentes enquanto lutavam para reposicionar o meu filho.

«Precisamos fazer uma cesárea de emergência», gritou ele enfim, fazendo com que um batalhão de médicos e enfermeiras corresse com os preparativos para a cirurgia.

A anestesia epidural causou-me calafrios incontroláveis e eu não conseguia parar quieta na mesa. Um anestesista segurou o meu braço esquerdo enquanto uma enfermeira agarrava o direito. Esforcei-me por lançar um último olhar a John, ainda retirado de canto entre as enfermeiras com a filha que eu não tivera a chance de ver. Seus olhos cruzaram com os meus e pareciam alarmados. Percebi que o nosso filho corria perigo.

Pisquei para conter as lágrimas enquanto olhava para as luzes fluorescentes acima e comecei a gaguejar em voz alta as Ave-Marias que vinha rezando silenciosamente a tarde toda. Estava fraca demais para fazer a oração completa, então só repetia os dois primeiros versos sem parar: «Ave Maria, cheia de graça, o Senhor é convosco...»

Deitada em cruz na mesa de operação com o cirurgião a cortar e extrair às pressas o bebê da minha barriga, percebi que dia era: 14 de setembro, dia da comemoração da Exaltação da Santa Cruz. Num arroubo de humor negro, ocorreu-me a ironia de lembrar quantas vezes implorara a Jesus que me concedesse a experiência completa da maternidade: com a barriguinha de bebê, dores de parto e tudo mais que a acompanhasse. Agora Ele estava atendendo as minhas preces, e concedendo-me até mais do que eu havia pedido. Eu tinha esperança de que aquele dia festivo da Igreja fosse um bom sinal, e de que, se eu aguentasse só mais um pouquinho, meu sofrimento, assim como o dEle, terminaria em exaltação.

Meu filho nasceu vinte minutos depois da minha filha, com um rostinho todo roxo que logo adquiriu um tom rosado com a ajuda de uma máscara de oxigênio. Finalmente, as enfermeiras consentiram em deixar-me segurar os meus dois pacotinhos chorões. Chorei ao vê-los, mais de exaustão do que de alegria, e foram tirados dos meus braços momentos depois. Passei os dias que se seguiram lutando por oportunidades de vê-los em meio às complicações da minha própria recuperação, tais como uma segunda noite maldormida por causa do tratamento de pré-eclâmpsia à base de sulfato de magnésio que eu desejara evitar, além da estada do meu filho por um breve período na UTI neonatal, e a resistência de alguns membros da equipe médica que riam da minha intenção de amamentar os gêmeos.

Foi somente quatro dias após o parto, quando John e eu retornamos para casa, que me senti livre para comemorar os incríveis dons que Deus nos dera. Sentados na sala de estar e admirando aqueles dois bebês perfeitamente formados, de cerca de dois quilos e meio cada, dormindo em seus bebês-confortos – um azul, outro rosa –, abraçamo-nos em lágrimas. O nascimento, bem como a gravidez e os anos de espera que a precederam, haviam sido muito difíceis. Nada da minha jornada rumo à maternidade ocorrera conforme o planejado. Mas estávamos em casa agora. Aquela era a nossa família e, enfim, estávamos em casa.

Uma ladainha de agradecimentos

Demos ao nosso filho o nome de John Patrick: John por seu pai e Patrick pelo meu pai, Thomas Patrick. Resolvemos que o chamaríamos pelos dois nomes para evitar confundir os dois Johns da nossa casa e para manter viva a memória do meu pai.

O nome da nossa filha já havia sido escolhido anos antes, quando começamos a pedir à nossa Santíssima Mãe que nos enviasse uma rosa do céu. Seu nome era Maryrose Therese: Mary pela Mãe de Deus e porque também honrava a minha mãe, Mary; Rose porque ela era nossa pequena flor do céu e porque eu sempre gostei muito do nome da minha primeira padroeira, Rosa de Lima; e Therese pela Pequena Flor e por todas as outras Teresas que admiramos, incluindo Teresa de Ávila, Madre Teresa e Teresa Benedita da Cruz, também conhecida como Edith Stein.

Nossos filhos foram batizados em 1º de novembro, dia da festividade de Todos os Santos. Um jovem padre jesuíta amigo nosso, Pe. Phil, realizou a cerimônia privada à luz colorida dos vitrais da nossa paróquia. Apenas alguns amigos e familiares compareceram. Segurando Maryrose nos braços com a sua touquinha branca e rostinho angelical enquanto John apertava ao peito o pequeno John Patrick de olhinhos abertos, ouvimos Pe. Phil repetir o final do salmo que escolhêramos para a ocasião:

> Sei que verei os benefícios do Senhor
> na terra dos vivos!
> Espera no Senhor e sê forte!
> Fortifique-se o teu coração e espera no Senhor! (Sal 27, 13-14).

«John e Colleen esperaram no Senhor», disse ele em sua homilia, «e viram os seus benefícios».

Durante o rito batismal, rezamos pelos nossos entes queridos falecidos, especialmente por papai. Também incluímos uma ladainha aos santos cantada *a cappella* pelo padre e acompanhada por nós no refrão. A ladainha começava pedindo misericórdia de cada Pessoa da Santíssima Trindade: Pai, Filho e Espírito Santo. Pedimos então aos santos de Deus que intercedam por nós, para que também nós possamos juntar-nos às suas fileiras um dia. Começamos por Maria, Rainha dos Santos, sob os títulos que mais nos falavam ao coração:

> Santa Maria, Mãe de Deus, rogai por nós.
> Nossa Senhora de Lourdes, rogai por nós.
> Nossa Senhora de Guadalupe, rogai por nós.
> Nossa Senhora de Fátima, rogai por nós.

Incluímos também aqueles que nos tinham ajudado no nosso período de infertilidade:

> Santa Gianna, rogai por nós.
> São Geraldo Majella, rogai por nós.
> Servo de Deus, Papa João Paulo II, rogai por nós.

E fizemos menção especial das santas que se haviam tornado algumas das minhas mais queridas amigas:

Santa Teresa de Ávila, rogai por nós.
Santa Terezinha de Lisieux, rogai por nós.
Santa Faustina, rogai por nós.
Santa Edith Stein, rogai por nós.
Bem-aventurada Madre Teresa de Calcutá, rogai por nós.

Conforme os seus nomes eram ditos, relembrei tudo o que acontecera desde aquela manhã quente de outubro quinze anos antes, em que sentara no parapeito da minha janela em Milwaukee e me perguntara como preencher aquele vazio dentro de mim. Eu tinha visto tantas coisas, mudara tanto, sofrera tanto e aprendera tanto desde então. Sabia que ainda tinha muito que aprender – a minha jornada como esposa ainda estava no começo e a minha jornada como mãe acabara de iniciar –, mas estava maravilhada de ver como Deus havia transformado a minha vida e prioridades tão radicalmente desde aquele dia. E Ele operara tais mudanças de uma maneira que aquela universitária espiritualmente empobrecida que outrora eu fora jamais teria imaginado: apresentando-me seis santas que me ensinaram o que realmente significa libertação.

Ao olhar para a pia batismal onde os meus bebês logo seriam abençoados com a água benta e inseridos no Corpo de Cristo, pensei no relato evangélico da mulher samaritana no poço. Ela saíra de casa naquele dia quente e poeirento sem fazer ideia de que veria Deus face a face. Ela só tinha a simples intenção de realizar uma tarefa material: buscar o balde d'água de que precisava para tocar a velha vida superficial que parecia ser o melhor que ela conseguia fazer. Jesus, porém, estava à sua espera, buscando a menor das oportunidades para desafiar a sua mentalidade de mera subsistência e apresentar-lhe uma alegria e liberdade sobrenaturais que ela sequer podia imaginar.

«Todo aquele que beber desta água tornará a ter sede», disse-lhe Jesus, «mas o que beber da água que eu lhe der jamais terá sede; mas a água que eu lhe der virá a ser nele fonte de água, que jorrará até a vida eterna» (Jo 4, 13-14).

Naquele dia, em pé ao lado do meu marido e segurando os bebês milagrosos que achei que jamais veria, senti-me como aquela mulher samaritana deve ter-se sentido quando derrubou o jarro de água e foi correndo para a cidade, ansiosa por revelar ao mundo aquele homem que lhe mostrara a verdade sobre ela mesma. Jesus, por meio das suas santas, havia feito o mesmo por mim. Ele me mostrara a verdade sobre mim mesma, sobre a minha natureza e dons femininos e sobre como eu encontraria a minha realização enquanto mulher. Ele me dera a água viva que sozinha podia saciar a sede que eu sentira pela primeira vez naquele parapeito aos vinte anos de idade. Aquela água viva era Ele mesmo: a sua graça, o seu amor, a sua paz. Embora soubesse que ainda havia muito que percorrer até chegar ao meu destino, sentia-me repleta das bênçãos de que Jesus me cobrira até então. Entre as maiores delas estava aquilo que Ele e os seus amigos no céu me haviam ensinado nos tempos de dificuldade: que o amor de Deus estaria comigo sempre, não importando que tempestades aparecessem no meu caminho. E aquele amor – se eu continuasse a apegar-me a ele – me levaria com segurança à minha morada eterna.

Ao final da ladainha aos santos, encerramos a nossa canção com o seguinte pedido:

Todos os santos e santas de Deus, rogai por nós.

E eu tinha certeza, assim como eram reais os raios dourados de sol que agora banhavam a nossa pequena família, de que eles rogariam por nós.

Agradecimentos

Este livro não existiria se não fosse pelo incentivo ardente, insistente e persistente do meu marido, John Campbell. Desde o dia da primavera de 2006 em que mencionei pela primeira vez a ideia deste projeto, e durante os anos em que trabalhei em segredo numa empreitada que ao mesmo tempo me revigorava e frustrava, a fé de John neste livro e no meu chamado a escrevê-lo jamais se enfraqueceu. Ele deu-me ideias e rezou comigo, leu os meus esquemas de redação e os meus rascunhos, ajudou-me a resolver questões de edição e dúvidas pessoais, além de contribuir com opiniões perceptivas e de uma honestidade absoluta, relembrando-me sempre de que uma história que vale a pena ser contada vale o tempo que se investe na sua redação. Com o seu apoio crucial ao longo destes últimos anos loucos e felizes, John ajudou-me a encontrar tempo para escrever – mesmo quando isso significava mais trabalho e menos horas de sono para ele; apoiou a mim e a este livro de todas as maneiras que pôde, com uma generosidade de espírito e uma constância no amor que ainda me surpreendem quando paro para contemplá-las. Grata por tudo isso, e por muitas outras coisas que jamais conseguiria expressar adequadamente em palavras, dedico este livro a ele.

Quero agradecer também a meus pais, Tom e Mary Carroll. É difícil saber por onde começar ao agradecer às pessoas que me deram a vida e me levaram à fé que conduz à vida eterna, além de torcerem por mim em todos os incontáveis desafios ao longo da vida. Eu poderia agradecer-lhes pelo exemplo inspirador de amor e compromisso conjugais, especialmente nos últimos anos de vida do meu pai, que deixaram um legado inesquecível para o meu irmão, Tom, e para mim. Poderia agradecer-lhes por todas as orações que rezaram por mim a vida inteira, incluindo aquelas que a minha mãe ofereceu fielmente por este projeto e aquelas que o meu pai ofereceu durante todo o seu sofrimento. Ou poderia simplesmente dizer isto: amo vocês, para sempre.

Minha agente literária, Cathy Hemming, foi a primeira pessoa depois de John que leu o meu manuscrito, e a sua resposta entusiástica inspirou-me a terminá-lo sabendo com certeza que o meu trabalho oculto não fora em vão. Uma profissional idônea que se importa genuinamente com os seus escritores, Cathy guiou-me ao longo do processo de publicação com destreza, perseverança e bom humor; e o fez mesmo tendo de lidar com a morte súbita do seu pai, o que requereu cuidados especiais para a sua mãe. Sua presença na minha vida é uma verdadeira bênção.

Meu editor, Gary Jansen, recebeu este manuscrito com um entusiasmo contagiante, compreendendo imediatamente a sua relevância para o movimento da «nova evangelização», pelo qual somos ambos apaixonados. Ele manteve isso em mente enquanto guiava este livro habilidosamente pelos obstáculos do processo editorial. Ele e toda a equipe da Image têm a minha gratidão.

Finalmente, desejo agradecer aos meus filhos: Maryrose, John Patrick e Clara. Vocês nunca saberão quanto eu os quis e como são amados, mas espero que este livro lhes dê uma noção. A única alegria mais gostosa do que partilhar desta jornada com o seu pai e com vocês é saber que o abraço eterno do Amor nos espera no nosso destino final. Possam vocês viver para se tornarem santos!

Colleen Carroll Campbell
Véspera da Festividade da Visitação de Maria
30 de maio de 2012

Direção geral
Renata Ferlin Sugai

Direção editorial
Hugo Langone

Produção editorial
Gabriela Haeitmann
Juliana Amato
Ronaldo Vasconcelos

Revisão
Lilian Garrafa

Capa
Gabriela Haeitmann

Diagramação
Sérgio Ramalho

ESTE LIVRO ACABOU DE SE
IMPRIMIR A 06 DE JUNHO DE 2025,
EM PAPEL PÓLEN NATURAL 70 g/m².